U0907515

这个“法宝”不一般

解码『两个结合』

李勇刚 

重庆出版社

图书在版编目（CIP）数据

这个“法宝”不一般：解码“两个结合”/ 李勇刚著. -- 重庆：重庆出版社，2025. 7. -- ISBN 978-7-229-20874-5

Ⅰ. D61

中国国家版本馆CIP数据核字第2025LV7917号

这个“法宝”不一般——解码“两个结合”

ZHEGE “FABAO” BU YIBAN—JIEMA “LIANG GE JIEHE”

李勇刚　著

策　　划：陈兴芜

责任编辑：陈　琦　徐　飞　李　茜

责任校对：李小君

装帧设计：刘　尚

重庆出版社　**出版**

重庆市南岸区南滨路162号1幢　邮政编码：400061　http://www.cqph.com

重庆出版社有限责任公司品牌设计分公司制版

重庆天旭印务有限责任公司印刷

重庆出版社有限责任公司发行

全国新华书店经销

开本：787mm×1092mm　1/16　印张：17.25　字数：200千

2025年7月第1版　2025年7月第1次印刷

ISBN 978-7-229-20874-5

定价：68.00元

如有印装质量问题，请向重庆出版社有限责任公司调换：023-61520678

序一

加强中华民族的文化主体性

◎楼宇烈

十多年前，勇刚同学跟随我攻读博士学位。他硕士阶段学的是社会学，但转到中国哲学专业后倒也能很快适应。他和我谈到自己对传统文化的热爱，并说自己花功夫背诵了不少传统文化的经典。我当时和他说，背诵是一个方面，更重要的是活学活用，要化到生活之中。

在准备博士论文的时候，他谈到自己对春秋公羊学的兴趣，想做这方面的题目。但是，这个题目当时做的人太少，可参考的资料不多。他硕士阶段研究过私塾教育，我曾建议他顺着这个题目，做一做宋明理学在书院教育中的传播情况。他当时说要郑重考虑，但过段时间后还是想坚持自己的学术兴趣。我见他这么坚持，也就同意了。我向来认为，兴趣是最重要的老师。只要做到“言之成理、持之有故、自圆其说”，就可以算作一个合格的研究。后来，他顺利通过博士论文答辩，并到中央社会主义学院从事中华文化的教学和研究工作。

他毕业后，我们仍然有很多的谈话和交流。我们会讨论到一些社会问题，我能从中感受到他在思想观念上的逐渐成熟。作为老师，看到他在工作中取得的成绩，我更是感到由衷的欣慰。前不久，他和我说自己正在写一部和“两个结合”有关的书。这个题目正好也是我这几年比较关注的。

在新时代，如何传承和弘扬中华优秀文化、坚守中华文化的主体性，是一个重要的理论和实践课题。一般来讲，文化就是人类创造性的实践和理论的结晶，包含着一个民族的价值观念、思维方法、生活样式和信仰习俗等，跟一个国家的历史和传统密切相关。我们要建设中国特色社会主义，所谓“特色”，其中重要的一条就是要保持中华民族的特点，包括其文化内涵、价值标准、思维方式等。在较长一段时间里，由于外来强势文化的挑战，加上自身传统文化教育没能跟上、一些人对传统文化有种种误解，我们出现了文化主体意识不强的问题。近年来，党中央提出“两个结合”特别是“第二个结合”，正是加强中华民族的文化主体性的重要举措。

因此，当我看到勇刚同学撰写的《这个“法宝”不一般——解码“两个结合”》，就有些眼前一亮的感觉。这本书在梳理“两个结合”理论脉络的基础上，对习近平总书记在文化传承发展座谈会上的重要讲话进行了比较深入、系统的解读。无论是对于中华文明五大突出特性的分析，还是对于“两个结合”重大意义、新时代文化使命的阐释，都能够做到以小见大、条分缕析、理事交融，较好地实现了学术性和通俗性的辩证统一。

这本书不仅在学理上阐释了文化主体性的丰富内涵，而且在字里行间展现出文化自信的风貌。在我看来，文化主体性正是我们的“根”。只有坚守这个“根”，才不会丧失自身的民族文化；如果去掉了文化主体性的“根”，我们在与其他文化进行交流时，就可能不加甄别地盲目吸收其他文化中的糟粕，导致自身的文化根基愈发浅薄，以致变成其他文化的附庸。而一旦有了文化主体性，我们既能看清自己的不足，也能看清别人的长处，才能恰如其分地取长补短。这样就既不会妄自尊大，也不会妄自菲薄，就能真正树立起文化自信。这本书在相关章节比较翔实地讨论了这些关键问题。

当然，“两个结合”是一个大题目，具有很深厚、丰富的思想内涵，这本书对勇刚同学而言还只是一个开端，相关的研究还有很大的空间。万事开头难。希望勇刚同学未来在这方面继续探索，为加强中华民族的文化主体性做出自己的更大贡献。

楼宇烈

2025年7月

序二

“两个结合”，我们打开未来的一把“金钥匙”

◎占豪

习近平总书记在《新发展阶段贯彻新发展理念必然要求构建新发展格局》的讲话中指出，当前和今后一个时期，我国发展仍然处于重要战略机遇期，但机遇和挑战都有新的发展变化。我们的判断是危和机并存、危中有机、危可转机，机遇更具有战略性、可塑性，挑战更具有复杂性、全局性，挑战前所未有，应对好了，机遇也就前所未有。要增强机遇意识、风险意识，准确识变、科学应变、主动求变，勇于开顶风船，善于化危为机，为全面建设社会主义现代化国家开好局、起好步。

当今世界，百年未有之大变局正在加速演进，我们正在经历贸易战、关税战、科技战、地缘冲突、逆全球化……各种博弈、争夺纷至沓来。可以毫不夸张地说，新中国成立以来我们经历过比现在更困难的时期，却没有经历过比现在更复杂的时期。与此同时，我们也看到，国内转型升级进入了深水区，同时还面临需求收缩、供给冲击、预期转弱三重压力。不过，在各种困难面前，我们更要看到我们所面临的历史性机遇。相比过去一百多年，我们现在所处的是最接近中华民族伟大复兴的阶段：我国经济总量已稳居世界第二，关键核心技术接连突破，制度优势在大国战略、大国博弈、大国外交中充分彰显。生在这个时代，我们完全可以在道路上、理论上、制度上和文化上充满自信。

就道路而言，新中国成立后70多年的发展这个铁的事实证明，我们的道路不但走得对，还走得好，因此我们在道路上已经非常自信。理论上，我们过去这些年不断延伸发展，尤其是党的十八大以后，我国在涉及国家民族命运和发展方面的理论上有了一系列重大发展，因此我们在理论上也充满自信。制度上，新中国70多年的发展过程中，我们的制度在不断改革中前进，事实证明，相比世界上其他社会制度，我们拥有非常明显的制度优势。尤其是在应对突发公共事件期间，从中央到地方，从政府到百姓，从指挥到执行，都充分体现了中国特色社会主义制度的独特性和优越性，因此我们比任何时期都更具制度自信。

但是，在道路自信、理论自信、制度自信已在不断加强的情况下，文化认同、文化自信却仍然存在短板。尤其需要指出的是，相比其他三个领域，文化也是最不容易达成共识的部分。中华优秀传统文化作为文化自信的根基，亟须深入挖掘其精神内涵，并与马克思主义发生“化学反应”，进而融汇成新时代的新文化，为我国社会的发展进步保驾护航。

其实，多年前我对这个状况就有过一些忧思，但因题目太大，虽有过一些思考，却未能理出头绪。2021年7月1日，在庆祝中国共产党成立100周年大会上，习近平总书记创造性地提出把马克思主义基本原理“同中华优秀传统文化相结合”的重大命题，从而形成了“两个结合”的重大理论创新，这一下子就把我多年想不通的最大疑问瞬间给解开了。

我们知道，在“一个结合”的基础上，习近平总书记正式提出“两个结合”，其中“第二个结合”则为民族复兴注入了长久而深沉的精神能量。特别是就“第二个结合”而言，马克思主义是魂脉，中华优秀传统文化是根脉，两脉贯通，方能枝繁叶茂。

所以，听完总书记的讲话，我深深感觉到，中华民族未来可持续发展的最大能量有了，可能存在的最大隐患也被轻松化解了。有“第二个结合”理论的指导，中国未来发展无虞，中华民族长治久安的最强战略支撑确立了。

其实，说白了，“第二个结合”就是将挽救了中华民族的魂脉——马克思主义，与中华民族几千年来赖以生存的文化之根脉充分融会贯通。很显然，融会贯通有一个大家深刻理解的过程，也需要通过发展来实现。这意味着，未来发展的大势是“第二个结合”融会贯通的过程，“第二个结合”的相关理论也必然指导着我们的社会前进、发展。换句话说，我们如果能更好地理解“两个结合”，尤其是在当下时代更早、更好地理解和运用“第二个结合”，那么这个时代的磅礴伟力就会带着我们前进，推着我们奔跑。

正是基于这样的心态，当听说勇刚兄要出版一本关于“两个结合”的书时，我就自告奋勇为这本著作写序。

坦率地说，为勇刚兄这么高端的书作序，心中还是有些惴惴不安，担心写不好。但是，反过来一想，这本书是给大家看的，也许我的一些感受会给大家带来一些启发，能帮助大家理解这本书真正的意义和内涵，从而更好地理解“两个结合”，并在未来的实践中更好地运用“两个结合”。

与勇刚兄结识，是注定的缘分。那天，我是到中央社会主义学院学习的学员，他是中央社会主义学院的教师，他在上面讲课，我在下面听课。他讲课不是照本宣科，更不是夸夸其谈，而是以历史为经、以文化为纬，把中华文明和民族复兴的来龙去脉讲得澎湃又透彻。课后，学员们层层围问，他从容应答，眼里有光。那光，是对伟大复兴的笃定，也是对民族未来的炽热期盼。如今他把这束光带进了书里。

我们的友谊，始于那堂课后的交流，后来随着交流深入，彼此越发惺惺相惜。与勇刚兄的每一次交流，都能让人感受到他对我国历史文化以及当下重要理论的专业而深刻的理解，尤其是对“两个结合”的深刻见解。他对民族复兴的坚定信念与我一直以来的信念高度契合，令我产生强烈的共鸣。正是基于这样的共鸣，我们惺惺相惜。这种共同的理想和认识让我坚信，勇刚兄的这本书定能成为理解“两个结合”的重要桥梁，引领我们在理论与实践的交融中，洞悉民族复兴的深层逻辑，激发出时代的磅礴力量，进而实现个人与社会的共同进步。勇刚兄的智慧与洞察，必将通过这本书，点燃更多人心中的火种。

勇刚兄不仅在学术上造诣深厚，更在生活中展现出了谦逊与热情。在我看来，他是把中国文化人那种家国天下的情怀和做人的朴实无华有机融合在了一起，让人如沐春风。每次向他请教问题，总能感受到他独到的见解和深厚的理论基础。这种理论与实践的结合，正是他新书的核心所在。通过这本书，勇刚兄希望能将习近平总书记提出的“两个结合”这一重大理论命题，以深入浅出、润物细无声的方式传递给更多人，激发大家在新时代的创新与实践热情，共同为中华民族伟大复兴的中国梦添砖加瓦。书中不仅深入剖析了马克思主义与中国具体实际相结合的必要性，还详细阐述了如何将中华优秀传统文化融入现代理论，为解决当前社会发展中的主要矛盾提供了有力的新思路。

正所谓船到中流浪更急、人到半山路更陡。对我们中华民族来说，接下来的新征程既会迎来战略性机遇，也必然面临着重大困难与险阻。此刻的我们，无比需要团结一心，与党和国家一起为实现伟大复兴的中国梦而共同奋斗。此时此刻，我们决不能松劲，正所谓“一篙松劲退千寻”，我们好不容易发展到了今天，一丝一毫都不能松劲。

当下这个时代，唯有以斗争精神抢抓科技革命窗口，以改革开放激活内生动力，以“第二个结合”凝聚文化认同，才能把“不可逆转”的历史进程真正转化为“如期实现”的壮阔图景。“两个结合”让我们在全球化浪潮中稳住舵盘、乘风破浪，坚守传统文化根基，汲取人类文明精华，找到适合自身发展的独特路径。对我们普通人而言，“两个结合”不是束之高阁的高深理论，而是真正指导我们实践的灯塔。它指引我们在日常工作中践行中华智慧，推动社会进步。而每一次实践，都是对“两个结合”的生动诠释。

我们不仅要理解“两个结合”，更需要用好“两个结合”，让“两个结合”指引我们前进。相信勇刚兄这部《这个“法宝”不一般——解码“两个结合”》，能帮助我们更加深入浅出地理解“两个结合”这个打开新时代中国之门的“金钥匙”，进而在无比广阔的天地中同舟共济、笃定前行——不仅眼中有光，而且脚下有路。

2025年7月

目录

导言

1939年7月7日，延安，东川桥儿沟。

时值卢沟桥事变两周年。毛泽东同志来到位于此地的华北联合大学。这所新成立的干部学院，即将奔赴华北敌后抗日根据地办学。校长成仿吾邀请毛泽东前来为师生送行。面对师生，毛泽东发表一番即席演讲。

他以《封神榜》故事为喻，说当年姜子牙下昆仑山，元始天尊送给姜子牙杏黄旗、番天印、打神鞭三件宝物，姜子牙用这三件法宝打败了所有的敌人。毛泽东接着对师生们说，今天你们也要下山了，要去前线跟日本侵略者作战，我也赠你们三个“法宝”：统一战线、游击战争和革命中心的团结。[①]接着，毛泽东生动地把姜子牙的法宝之一“打神鞭”比作统一战线，法宝之二“番天印”比作游击战争，法宝之三“杏黄旗”比作革命中心的团结，还说用这三个“法宝”可以将一切妖魔镇压下去。

同年9月，毛泽东在中共中央党建专刊《〈共产党人〉发刊词》

①殷之俊：《毛泽东最早提出的三大法宝是什么》，《中国统一战线》2013年第6期。

中，将“游击战争”改为“武装斗争”，将“革命中心的团结”改为“党的建设”，并正式确定统一战线、武装斗争、党的建设为党的“三大法宝”。从此，“法宝”这一生动表述进入党的话语体系，获得新的时代内涵；“三大法宝”在革命斗争中发挥出巨大威力，可谓名副其实，实至名归。

2023年6月2日下午，北京，中国历史研究院。

文化传承发展座谈会在此地隆重召开。此次会议召开之前，习近平总书记先后考察了两个堪称文化地标、文化殿堂的“国字号”机构：6月1日下午考察位于北京市昌平区燕山脚下的中国国家版本馆中央总馆，6月2日下午到中国历史研究院参观中国考古博物馆。考察结束后，习近平总书记出席文化传承发展座谈会。这是首次以文化传承发展为主题的中央高层座谈会，其政治意义与历史价值自然非同凡响。

在五千余字的重要讲话中，习近平总书记高屋建瓴地勾勒了中华文明的五大突出特性，系统全面地阐述了“两个结合”的重要意义，并高瞻远瞩地擘画了如何担负起新时代的文化使命。有学者认为，这篇重要讲话是一份开辟中华文明现代形态的动员令，是一幅创造中国式现代化文化形态的规划图，是一篇在马克思主义理论史和中华民族思想史上具有里程碑意义的光辉文献。①

“历史正反两方面的经验表明，‘两个结合’是我们取得成功的最大法宝。”②习近平总书记在讲话中的这一重要论断，接续了“法宝”

①张志强：《把握中华文明发展规律　奋力建设中华民族现代文明》，《学习活页文选》2023年第22期。

②习近平：《在文化传承发展座谈会上的讲话》（2023年6月2日），《求是》2023年第17期。

的生动表述，并拓展其运用范围，提升其重要程度，将取得成功的“最大法宝”赋予“两个结合”这一重大理论创新。

那么，什么是“两个结合”？这一理论创新到底从何而来？

时光回溯到文化传承发展座谈会召开的近两年前。2021年7月1日——适逢中国共产党成立100周年的重要时刻，天安门广场——这个见证过太多近代历史风云的庄严场所，习近平总书记在庆祝大会上郑重提出“坚持把马克思主义基本原理同中国具体实际相结合、同中华优秀传统文化相结合”这一重大命题。[①]

长期以来，我们更习惯的是“第一个结合”，“第二个结合”层面的工作虽然做了很多，但如此被概括出来，还是第一次。“两个结合”的完整表述虽然只有三十多字，但其中蕴含的理论和实践动能，足以披荆斩棘、排山倒海。2021年11月，这一命题被写进《中共中央关于党的百年奋斗重大成就和历史经验的决议》，并于2022年10月在党的二十大报告中首次得到详细阐释。

“两个结合”为什么如此重要？这个“最大法宝”到底从何而来，又为何拥有非同寻常的“威力”？

这本书将带您一探究竟。

---

①习近平：《在庆祝中国共产党成立100周年大会上的讲话》（2021年7月1日），《求是》2021年第14期。

第一章

“最大法宝”的理论脉络

对于“两个结合”，人们大多关注作为理论创新的“第二个结合”。不过，如果追本溯源，其实首先需要关注的是放在这一表述前半部分的“马克思主义”。

一、马克思主义如何成为我们的指导思想?

马克思主义如何成为我们党和国家的指导思想的呢?今天,思考这个问题的人可能不多,因为大多数中国人将其作为一个既定事实加以接受,这当然无可厚非。不过,如果我们回溯历史,我更愿意用一句诗来描述这一过程:“千淘万漉虽辛苦,吹尽狂沙始到金。”如果再简洁一点,那就是“大浪淘沙”;如果更直接,就叫作“选择”!

(一)胡林翼之死:传统文明在工业浪潮前的震撼与觉醒

一百多年前,当时的中国人面对诸多选项:改良主义、自由主义、社会达尔文主义、无政府主义、实用主义、民粹主义、工团主义、互助主义,等等。不少人选来选去,深陷迷茫。既然是选择题,那么题干是什么呢?

没错,题干就是“中华民族如何救亡图存?”为什么拥有光辉灿烂历史的中华民族,在近代竟然陷入了这般境地呢?不妨暂时搁下宏大叙事,去看看一个人的遭遇。

这个人叫胡林翼。

晚清时期有所谓“曾胡李左”的说法,分别指代四位“名臣”:曾国藩、胡林翼、李鸿章、左宗棠。相比其余三位,胡林翼在后世名气略逊。但能厕身其间、位居第二，其人自当不可小觑。此人饱读诗书，24岁就考中进士，宦海历练多年。因镇压太平天国有功，43岁升任湖北巡抚，跻身封疆大吏之列。不过，由于长期操劳、身体透支，他逐渐患上咯血症。

1861年5月，胡林翼从安庆返回武昌，路过长江边。“忽见二洋船鼓轮西上，迅如奔马，疾如飘风”，掀起滚滚巨浪。周围清朝水师的木船相形见绌，只能在巨浪中挣扎摇晃。胡林翼见此情形，失色不语，回去路上咯血不止，数日后竟溘然长逝，终年不满50岁。①

1858年，清朝在第二次鸦片战争中失利，被迫与列强签订《天津条约》。在新增的11个通商口岸中，就包括汉口。1861年3月，汉口正式开埠。短短半年之后，一代名臣因目睹随之而来的蒸汽船，病情加重而一命呜呼！据清末史料记载，胡林翼回去后曾连呼“天要变了，天要变了”，足见其忧惧之深。

胡林翼所忧者何？所惧者何？

又过了十多年，后来的李鸿章用“三千年未有之大变局”②来描述当时中国所遭逢的剧变。“三千年未有”——上溯三千年，那得到殷周之际了！从那个笼罩在神话传说中的时代开始，中国历史上不乏改朝换代，不乏天下大乱，不乏制度变革，不乏思潮激荡，但是所有这些事情，就其烈度而言都赶不上近代的这场剧变，都还得“靠边站”。为什么？

先不讲那么多大道理，只需要开一个小“脑洞”。试问，如果

①关于该情节的记载，最早出自薛福成的《庸庵笔记》。

②李鸿章在1872年的《筹议制造轮船未可裁撤折》中首次提出相关说法，后来的奏折如1875年的《因台湾事变筹画海防折》中也有类似表述。

“穿梭”到160多年前，对当时绝大部分中国人而言，什么叫作“船”？是的，船总得有人划桨，或者有风帆，再不济靠人力拉纤，才能获得动力，正常行驶呀！但是，这突然闯入的西洋舰船却完全不一样：一个庞然大物，不靠风帆，不靠桨橹，没人拉纤，只是冒着黑烟，就能在江面上飞奔。

所以，胡林翼当年到底看到了什么，让他又忧又惧？作为一个连曾国藩都自愧弗如的、眼光远超时代的人物，他看到的绝非仅仅是那两艘蒸汽船而已，而是人类文明史上有一种前所未有的力量被工业革命释放出来，古老的农牧业文明在其面前，根本就不堪一击。

为何不堪一击？因为这是西方新兴工商业文明对中华传统农牧业文明的“降维打击”！这个过程，实际上早在胡林翼辞世的20余年前就已经拉开序幕——从1840年鸦片战争开始，西方列强凭借着工业革命带来的钢铁与火药，一步步轰开了中国紧闭的大门。

（二）文明的撕裂与重生：近代中国遭遇的系统性危机与历史叩问

这是一场毫无悬念的较量：一边是冷兵器与传统火器悲壮的拼杀，一边是蒸汽动力军舰与后装线膛枪炮肆意的轰鸣；一边是沿袭千年的落后军事制度，一边是科学严谨的现代军事体系。清军的刀枪在西方的坚船利炮面前，如同螳臂当车。于是，一次次战败接踵而至，紧随其后的便是割地赔款、不平等条约的签订，国家的尊严被一次次践踏。

经济上，西方列强通过《南京条约》《马关条约》《辛丑条约》等不平等条约，将中国强行纳入其全球资本主义体系的齿轮之中。中国的命运被牢牢锁定在列强的经济链条上，成为被剥削、被压迫的附庸。协定关税让中国的财政自主权化为泡影，通商口岸成了西方倾销商品的码头与掠夺原料的通道。洋纱、洋布等廉价工业品如潮水般涌入，摧毁了无数农民和手工业者的生计。经济的根基被一点点掏空，国家的命脉被一步步扼住。

政治上，割地赔款的屈辱让中国完整的领土支离破碎，列强的领事裁判权、租界特权更是将中国的司法主权踩在脚下。到《辛丑条约》签订时，北京东交民巷的使馆区成了列强的“国中之国”，中国失去了关税自主权、内河航行权，甚至连周边藩属国的宗主权也被列强剥夺。曾经的“天朝上国”沦为资本主义世界体系的“化外之地”，国家的尊严被践踏得体无完肤。

思想文化上的冲击更为致命。圆明园的三万多件文物被英法联军劫掠，敦煌藏经洞的四万多卷文书以几百两银子的低价被盗卖，无数文物流落海外。更可怕的是，中华民族的自豪感和自信心在接连不断的失败与屈辱中被一点点击碎。西方的科学技术、思想观念、价值体系如潮水般涌入，冲击着中国以儒家思想为核心的传统文化体系。崇洋媚外的集体心理开始蔓延，不少人对自身文化传统产生了深深的怀疑与动摇。甚至有人将中国的落后归咎于传统文化，提出“全盘西化”的激进主张。

……

在庆祝中国共产党成立100周年大会上，习近平总书记深刻指出：“1840年鸦片战争以后，中国逐步成为半殖民地半封建社会，国家蒙辱、人民蒙难、文明蒙尘，中华民族遭受了前所未有的劫难。”[①]这段话不仅揭示了国家与人民的苦难，更深刻地指出了中华文明在近代所面临的系统性危机。

（三）从“器物”到“文化”：近代中国救亡图存的三重探索困境

面对危机，不同的政治力量在时代的浪潮中试图“破局”，试图找到一条救亡图存的道路。这是一个从“言技”到“言政”，再到“言教”的艰难探索过程。

一开始，人们面对西方挑战的认知还停留在表面，以为不过是军舰、枪炮不如人，于是大兴军工产业。随即又看到，军工背后是西方整个工业技术的强大，于是跟着学技术搞工业，“洋务派”由此登上历史舞台。所谓洋务运动，就是要学习西方的先进科技，发展近代工业。用他们自己的话说，叫作“师夷长技以制夷”或“师夷长技以自强”。他们对于中国劣势的反思，主要集中在“器物”层面。

然而，一场甲午战争，把洋务运动打回原形。堂堂“中央之国”，竟然被此前纳入朝贡体系的边缘小国日本打败。号称亚洲吨位第一的北洋水师，在此战中几乎全军覆没，天朝上国的自尊心被按在地上摩擦。为什么用了洋人的坚船利炮，还是吃败仗？他们发现是因为军队纪律松弛，贪污腐败横行。原来，好装备若遇上坏制度，也不过是绣花枕头。

在一片悲愤的氛围中，维新派接着登场，开始轰轰烈烈搞变法，要学习西方的先进制度——这比单纯学习技术（“言技”），算是前

①习近平：《在庆祝中国共产党成立100周年大会上的讲话》（2021年7月1日），《求是》2021年第14期。

进了一个段位（"言政"）。但是，变法挑战了以慈禧为首的顽固派的权力格局，变法终被剿灭，如同昙花一现。不过，变法已是大势所趋。没过几年，经过八国联军侵华的惨痛教训，此前的顽固派摇身一变，向当年的维新派"抄作业"，当然前提是维持他们的统治地位。然而，几经折腾之后，人们对清政府本身失去了耐心和信心。

另一方面，甲午战败后，清朝开始兴办新军；八国联军侵华后，新军更是遍地开花。这些新军"习洋枪，学西法"，连辫子都剪了。更重要的是，此时逐渐兴起的革命党在新军中做了大量策反工作。只待武昌起义那一声枪响，短短一月，竟有17省宣告"独立"，脱离清廷统治。

维新派和革命党都在制度层面向西方取经，只不过前者试图修修补补，后者倡导大破大立。民国成立后，一些人试图组建西式政党，限制袁世凯的权力，结果却被军阀与帝国主义勾结的现实打脸：政党纷争，军阀割据，社会混乱而动荡。这种"新瓶装旧酒"的制度变革，不过是花架子而已。看来，光靠"制度"上的东施效颦，是远远不够的。

但是，出路又在哪里呢？

在向西方学习的过程中，人们的认识也在不断深入。虽然当年戊戌变法惨遭失败，但当时创办的京师大学堂等新式教育机构却被保留下来。这也推动着向西方学习深入到"言教"的阶段，人们逐渐认识到教育和思想文化的重要性。待到民国初年乱象丛生之时，"言教"积攒的势能终于爆发，催生了新文化运动。由京师大学堂演变而来的北京大学，在蔡元培手上焕然一新，成为新文化运动的大本营。

"言教"同样需要向西方学习。但问题是，到底学什么好呢？此前学来学去，总落得个“先生打学生”的结局——一次次被西方打败，一次次割地赔款，一次次学习西方试图奋发图强，再接着被西方打败……这种循环让人郁闷而绝望，但郁闷归郁闷，希望却不能熄灭。上文提到的形形色色的“主义”，借着新文化运动的东风，被大量从西方引介到中国。然而，思想界各种热闹，社会依然乱糟糟。

（四）从“散沙”到“聚合”：中国共产党如何破解近代中国的组织与动员难题

历史峰回路转。在这当口，第一次世界大战爆发了。军事工业的飞速发展，让这场战争的烈度史无前例。此前一股脑来打中国的“先生”们，此时自己打得昏天黑地。这多少也让国人对“先生”的态度由“膜拜”转向“反思”。[①]同时，“一战”还在帝国主义链条上最薄弱的环节撕开一道巨大的口子。俄国爆发十月革命，世界上第一个无产阶级专政政权——苏俄就此诞生。

“十月革命一声炮响，给中国送来了马克思列宁主义。”[②]在当时流行的各种主义中，唯有这个主义展现出如此强大的现实力量，让深陷迷茫的国人不禁眼前一亮。不久之后，巴黎和会的外交失败，引发了五四运动，进一步推动了马克思主义的传播。

这一科学思想，为破解“三千年未有之大变局”，解决中国的一个大问题，带来全新的希望。这个大问题，就是孙中山先生多次痛陈

①20世纪20年代，在欧洲游历后失望归来的梁启超在《欧游心影录》中提出，第一次世界大战后，西方文明已经破产，要用中国传统文明救济西方并拯救中国。这集中反映了当时知识分子对西方文明的失望和反思。

②毛泽东：《论人民民主专政》（1949年6月30日），载《毛泽东选集》（第四卷），人民出版社1991年版，第1471页。

的“四万万中国人，一盘散沙而已”。

等等，中国不是有历史悠久的“大一统”传统吗？为什么此时忽然又成为“一盘散沙”了？

理解这个问题，需要更深邃的历史视野。近代以来，中国为什么屡战屡败，不敌西方？不仅因为西方有坚船利炮，还因为它们发育出现代民族国家的组织形态，具有极强的国家财政汲取能力和资源动员能力。中国传统的“大一统”体制，在农耕文明时代确实是行之有效的社会和政治组织形态，甚至由此取得古代社会的巅峰成就。但是，在西方现代民族国家体制面前，则是“小巫见大巫”，只能被动接受“碾压式”的打击。

这种“散沙化”的状态，不仅体现在组织形态上。由于复杂的历史原因，当时大多数民众只知天下而不知世界，只知朝廷而不知国家，只知家族而不知民族，在心理上同样呈现“散沙化”状态。据载，八国联军攻入北京，不少中国人帮洋人搬粮食、搬梯子、带路——只要给点小钱就可以。在老百姓看来，割的是皇帝家的地，赔的是皇帝家的款，和自家有什么相干——没有获得感，哪来失去感？鲁迅在日本留学期间，于1906年日俄战争后看到纪录片中的一个场景：一个中国人将要被日本军队斩杀，周围是有着“强壮的体格，而显出麻木的神情”的中国看客。鲁迅由此愤而弃医从文。

在“一盘散沙”之上，建不起高楼大厦！如果不从改造社会入手，只是在器物或制度层面去折腾，就像捏了一些沙雕、造了一些盆景，一阵风浪过来就被吹得满地狼藉。这是洋务派和维新派的历史悲剧之所在，因为他们没看到近代中国的“病根”。

孙中山一直在屡战屡败、屡败屡战中寻找答案，逐渐找到“病根”在于当时的中国人“一盘散沙”。他还发现，俄国十月革命之所以能在艰难复杂的环境中取胜的一个重要原因在于有布尔什维克党的严密组织与铁的纪律。于是，孙中山提出“以俄为师”，借鉴列宁的先锋队党建经验，改组国民党吸纳会党力量，组建黄埔军校，试图走“以党建国”的新路。

但是，孙中不久后去世了。对于苏联经验，后来的国民党仅学其“术”，而未悟“道”。“术”的学习，使得国民革命军能够很快推翻北洋军阀的统治；“道”的缺失，却使得蒋介石最终倒向帝国主义和大地主、大资产阶级。阶级立场一错位，使命任务也就无从谈起了。

整合“一盘散沙”的历史任务，最终落在中国共产党肩上。

（五）马克思主义中国化：从“散沙中国”到组织革命的理论与实践

中国共产党以马克思主义为指导，经过28年艰苦奋斗，领导工人阶级、团结农民阶级、联合城市小资产阶级和民族资产阶级等进步力量，最终建立了中华人民共和国。“三千年未有之大变局”终于真正迎来“破局”的历史时刻。清朝末年《时局图》中所描绘的中国被西方列强瓜分的危机，终于得以解除。中国大地彻底告别了军阀割据、战乱频仍、匪患不断的分裂历史，中国人民彻底告别了一盘散沙的状态，中华民族终于以一种整体的姿态屹立于世界东方。

但是，岁月远非自此静好，帝国主义仍然不死心。新中国成立后不久，美国就侵略朝鲜，并把战火烧到中国边境。当时经历长期战争、百废待兴的中国，出人意料地抗美援朝，把世界第一强国美国及其纠集的“十六国联军”从鸭绿江打回三八线。从此，“西方侵略者几百年来只要在东方一个海岸上架起几尊大炮就可霸占一个国家的时代是一去不复返了”①。

20世纪初，两万八国联军就能攻入北京城。仅仅时隔半个世纪，反差为何如此之大？其中一个重要的原因，同样在于中华民族初步摆脱了“一盘散沙”的局面，实现了基本整合。

中国共产党为什么能？归根到底是马克思主义行！

如前所述，“三千年未有之大变局”，本质上是工业文明对农耕文明的“降维打击”。面对这一史无前例的挑战，传统农耕文明中压根没有现成的经验可循。因此，克服这个变局的答案，只能在现代工业文明中寻找。但是，光靠跟在“先生”屁股后亦步亦趋，学习其器物或制度，还是只有挨“先生”打的份儿。最终，中国选择了在“先生”那里也属于“另类”的马克思主义。

马克思主义有两个看上去颇为“吊诡”的特点。

其一，它在西方却又反西方。这一悲天悯人的伟大学说，不仅看不惯资本主义国家内部的阶级压迫，更同情资本主义世界体系中那些被剥削被压迫的弱小民族。很不幸的是，中华民族当时就处在这样的悲惨境地。猛然间看到西方竟有如此替自己说话的学说，中国人心中自然会生出亲近之感。

其二，它在资本主义却又反资本主义。马克思主义看到了资本主义社会的掘墓人——工人阶级的力量。这力量从何而来？工人和农民不一样——农民可以“日出而作，日入而息；凿井而饮，耕田而食”，生产相对自由散漫；也和工匠不一样——工匠分散在一个个作

①彭德怀：《关于中国人民志愿军抗美援朝工作的报告》（1953年9月12日），载中共中央文献研究室编：《建国以来重要文献选编》（第四册），中央文献出版社2011年版，第327页。

坊中，通常会经历一个产品的完整流程，重要的事情是听师傅的吩咐。可是工人呢？他要参加机器化大生产，在流水线上只负责生产的某个具体环节；这个环节一旦出问题，整个流水线就都白干了，那损失可就大了！由此，工人阶级在机器化大生产中锻造出与之匹配的、极强的组织性和纪律性。

这种组织性和纪律性，对于近代中国而言，那可真是“久旱逢甘霖”！为什么？因为前面说过，近代中国的一个“病根”，就是“一盘散沙”。换句话说，就是民众无组织、无纪律，不能拧成一股绳，就没有力量去反抗各种压迫。

不过，单有组织性和纪律性还不够，还不足以成为一种变革现状的力量。恰好，工人阶级还有一个重要的特点，那就是“革命性”。因为他们不占有生产资料，只能“为他人作嫁衣裳”，被资本家剥削和压迫——付出巨大的劳动，却只能得到维持基本生存的生活资料。哪里有压迫，哪里就会有反抗，“革命性”应运而生。

对于当时苦难深重的中国，“革命”更是时代之“刚需”！只有通过革命才能革故鼎新，获得生机。

一方面，马克思主义科学阐释了工人阶级的组织性、纪律性、革命性；另一方面，当时“一盘散沙”的中国正需要通过革命寻找出路。乍看上去，二者肯定会一拍即合，真是完美！

且慢！问题来了：中国当时处在资本主义世界体系的边缘地带，工人阶级的人数少得可怜。泱泱中华，当时有四万万人，工人数量只有区区两百万！平均两百个人中才有一名工人，且大多分布在东部和中部的一些城市。其余人口，绝大部分是农民。一般来说，农民属于小生产者，相互合作、配合能力较差，革命的目的性也不明确。历代农民起义基本上都是从早期的反暴政到后期的追求荣华富贵，根子就在这里。

理想很丰满，现实很骨感。不过，办法还是有的。

（六）马克思主义指引下的中国逆袭：从“一盘散沙”到民族复兴的世纪跨越

中国共产党在实践中摸爬滚打一番之后，终于摸索出行之有效的组织动员方式：一方面通过卓有成效的宣传和组织，激发工人阶级的革命觉悟；另一方面又通过工农联盟，用源自工人阶级的纪律性、组织性和革命性，去整合占人口绝大多数的农民。

中国共产党首先摸清了农民的最大关切就是土地问题。于是，通过土地改革，实现“耕者有其田”。农民有了真实的获得感，怎能不支持拥护党？在此基础上，党不仅在农村普遍建立党的基层组织，而且围绕党组织建立了共青团、妇联、民兵、贫雇农协会等群众性组织，使大部分群众成为这些组织的成员。

不仅要管组织，更要管思想。《三字经》开篇即言：“人之初，性本善。性相近，习相远。苟不教，性乃迁。”中国人秉承“人性善”的观念，相信大多数人都是可以教好的。中国共产党继承并升华了中华文明的这一教化传统，用通俗易懂的方式向农民讲述马列主义的精髓，让他们掌握这一先进的思想武器，知道为何而战、为谁而战。这就让党既可以依靠农民阶级作为主力军，又避免了传统农民起义的局限性。

同时，党还在马克思主义指导下，创造性地以国家和民族之大义为号召，以“统一战线”的形式，在不同的历史时期有针对性地去争取和团结其他一些阶层，获取最大限度的支持。

正是在马克思主义指导下，通过这些卓有成效的具体措施，中国共产党才出色完成整合“一盘散沙”的艰巨任务，才让中华民族焕发出应有的精气神！

新中国成立后，组织起来的群众、整合起来的人民，开创了社会主义革命和建设事业，在实现“站起来”之后又探寻“富起来”与“强起来”的道路。在前30年中，尽管面对美国在朝鲜战争后的封锁以及苏联撤走援华专家等困难，尽管经历了一些历史的曲折，我们仍然靠着整合起来的人民，以及党强大的动员和组织能力，把全国资源集中起来，进行工业化建设。中国从“一辆自行车、一架缝纫机、一辆汽车都不能造”[①]的落后局面开始，建立起较为完整的基础工业和国防工业体系的骨架。以此为基础，在之后的40年里，通过改革开放这一“决定中国命运的关键一招”，中国共产党坚持以经济建设为中心，用三四十年时间走完西方发达资本主义国家两三百年的工业化道路，让中国日益走近世界舞台中央。

1900年，英、美、德、法、俄、日、意、奥匈八国对中国发动联合军事侵略，中国在新的屈辱中艰难地走进新世纪。如今，两个多甲子过去了，尽管经历了两次世界大战，尽管经历了科技日新月异的进步，但“列强”差不多还是“原班人马”[②]，还是占据着这个世界的“头部资源”。在这个它们主导的、不平等的世界体系中，其余绝

①参见周恩来：《政府工作报告》（1954年9月23日），载中共中央文献研究室编：《建国以来重要文献选编》（第五册），中央文献出版社2011年版，第315页。原文是：“我们现在还不能制造汽车、飞机、坦克、拖拉机……我们甚至连一辆自行车、一架缝纫机、一辆汽车都不能造。”

②其中只有奥匈帝国解体。

大多数国家只能靠出卖劳动力或资源，或者在它们后面当个“小跟班”，去换取一些残羹冷炙；绝大多数国家想通过工业化实现经济起飞，但稍有起色就会掉入“中等收入陷阱”，然后被长期“锁死”。

“萧瑟秋风今又是，换了人间。”在重重罗网之中，以如此巨大的体量，靠着自己的努力实现完美“逆袭”的，唯有中国！目前，中国已经成为世界第二大经济体，是唯一拥有联合国产业分类中全部914个工业门类的国家。

实践的巨大成就，在于理论的科学指引。这个理论，正是马克思主义。

2018年5月4日，适逢马克思诞辰200周年之际，习近平总书记在纪念大会上深刻指出：“马克思主义为中国革命、建设、改革提供了强大思想武器，使中国这个古老的东方大国创造了人类历史上前所未有的发展奇迹。历史和人民选择马克思主义是完全正确的，中国共产党把马克思主义写在自己的旗帜上是完全正确的，坚持马克思主义基本原理同中国具体实际相结合、不断推进马克思主义中国化时代化是完全正确的！”①

马克思主义作为我们党和国家的指导思想，当之无愧，当仁不让。

①习近平：《在纪念马克思诞辰200周年大会上的讲话》（2018年5月4日），《求是》2018年第10期。

二、作为“科学理论”的马克思主义，为什么必须尊重中国具体实际？

马克思主义被认为是一种“科学理论”，具有“科学性”。提到“科学”，我们并不陌生。科学的一个重要特点就是普遍性。比如，一个物理定律或化学公式，在德国能用，在俄罗斯能用，在中国也能用。在用的时候，人们不会强调让它和这个国家的具体实际相结合。

但是，为什么我们一方面承认马克思主义的科学性，另一方面又强调让它与中国具体实际相结合呢？

（一）革命实践的血与火：“第一个结合”的历史催生

如果追本溯源，提出“第一个结合”倒并不是出于理念上的推演，而是对革命实践的反思和总结。

“山下旌旗在望，山头鼓角相闻。敌军围困万千重，我自岿然不动。 早已森严壁垒，更加众志成城。黄洋界上炮声隆，报道敌军宵遁。”[①]毛泽东这首《西江月·井冈山》，写于1928年。当时，井冈山革命斗争形势一片大好，他心中也是自信从容、豪情万丈。

1934年10月，第五次反“围剿”失败后，中央主力红军为摆脱国民党军队的包围追击，被迫实行战略性转移，退出中央根据地，进

①郑广瑾、杨宇郑编：《毛泽东诗话》，河南人民出版社1999年版，第4页。

行长征。一个多月以后，面对国民党在湘桂边界的重兵围堵，红军被迫在湘江流域展开生死决战。战斗异常惨烈，中央红军从8.6万人锐减至3万余人，红34师等部队几乎全军覆没。烈士鲜血染红了湘江，以致当地百姓中流传着这样一句话：“三年不饮湘江水，十年不食湘江鱼。”①

短短6年之间，反差如此之大，原因何在？

其中一个重要的原因，无疑在于当时中国共产党临时中央负责人博古和共产国际军事顾问李德推行了“教条主义”的错误路线。这些教条主义者以马克思主义者自居，标榜自己代表了真正的马克思主义，而且还以共产国际决议的名义发号施令，以为照搬苏联经验，就能够解决中国革命的问题。结果是第五次反“围剿”失败，红军被迫长征。

早在1930年，毛泽东就写过《反对本本主义》，指出“马克思主义的‘本本’是要学习的，但是必须同中国的实际情况结合。我们需要‘本本’，但是一定要纠正脱离实际情况的本本主义”②。而要了解中国的实际情况，就必须调查研究。这篇文章首次提出“没有调查，没有发言权”的科学论断。事实上，《反对本本主义》原本的名字，就是《调查工作》。毛泽东早年就作过大量调查研究，撰写了大量报告，比如《中国社会各阶级的分析》《湖南农民运动考察报告》《寻乌调查》《兴国调查》《长冈乡调查》《才溪乡调查》，等等。

但是，当时的毛泽东不在其位，即便发现问题的苗头，说了也不

①参见吴义国：《湘江战役：中央红军长征的悲壮史诗》，《湘潮》2016年第2期。

②毛泽东：《反对本本主义》（1930年5月），载《毛泽东选集》（第一卷），人民出版社1991年版，第111—112页。

顶用。长征途中，红军历经各种困顿和波折，直到遵义会议确立了以毛泽东为主要代表的正确军事路线后，红军才逐渐扭转颓势。

“第一个结合”只有一句话、二十个字，写在教科书中不过占据短短一两行，但须知这是当年年轻的中国共产党付出了巨大的牺牲，才获得的“多么痛的领悟”！

这里插一句话。如果强调尊重中国具体实际，那马克思主义是否还算得上是“科学理论”？怎么理解其与物理学、化学在这方面的差异性？其实，我们在运用物理学定律、化学公式去做实验的时候，虽然没有强调尊重哪个地方的实际，但前提是各实验条件必须严格保持一致。否则，就难以得到同样的结果。而马克思主义是哲学社会科学理论，不可能要求社会这个复杂系统在各个地方保持一致。其彰显自身普遍性的方式，恰恰是作用于各个不同的社会条件，产生认识和改造世界的现实力量。

那么，“第一个结合”是否只是针对教条主义的错误倾向呢？倒也不是。

（二）两种极端的博弈：教条主义与经验主义的双重陷阱

其实，能有“资格”成为真正的教条主义者的，也并非等闲之辈。他们大多喝过“洋墨水”，熟读甚至精通马克思主义经典，坚信马克思主义的真理力量。“坚信”二字并没有错，错的是把马克思主义变成了教条，不顾中国革命的实际，也无视一些人已经积累起来的中国革命的经验。中国自古有“刻舟求剑”的成语，颇能道出教条主义的问题：拘泥刻板的理念，无视时间、地点、条件的变化，结果走向极端，走到反面。

有一个“极端”，就会有另一个“极端”。“有象斯有对，对必反其为。”（《正蒙·太和篇》）与教条主义“针尖对麦芒”的，是经验主义。这种观点认为，搞中国革命主要靠立足中国国情、总结中国经验，而理论太高远缥缈了，在现实中不管用。同样，能成为经验主义者的也不是一般人，通常都是长期在一线工作、拥有丰富斗争经验的同志。可是，如果因为重视经验而看不到或低估思想理论的价值，同样难以行稳致远。

中国自古还有一个生动的成语，叫作“坐井观天”，用来形容经验主义者可谓恰如其分。那些经验或许在一时一地是管用的，但如果只在经验中打转，就难以拥有更大的视野。过度依赖经验，经验就变为成见。成见筑起的深井，也许会让人在里面怡然自得，但也因此目光狭隘。而理论则能让一个人跳出自己那方狭小的天地，透过现象看本质，看清过去、现在和未来，看清大势所趋、人心所向，进而在前行过程中随时找到方向，不至于因为一时一地的困难而疑惑甚至退缩。

在当时艰苦卓绝的革命斗争中，一个人如果对马克思主义的信仰不够坚定，很难仅凭一腔孤勇就长期坚持下去；如果对马克思主义的理论和方法不够熟悉，也很难仅凭经验去应对风云变幻的斗争形势。人们经常把马克思主义比作“指路明灯”，这可以说形象地描述了科学理论对实践的指引作用。

“有反斯有仇，仇必和而解。”（《正蒙·太和篇》）在教条主义和经验主义这两个“极端”之间，“第一个结合”深刻体现了中华文明“执两用中”的智慧。换句话说，理解“第一个结合”，一定不能抽象地去理解，而是要看到其在当时的现实针对性。

（三）从“以苏为师”到“以苏为鉴”：“第二次结合”的探索起点

延安城东北的桥儿沟，矗立着一座哥特式风格的天主教堂。1938年9月至11月，党的扩大的六届六中全会在这里召开，前后持续39天。

毛泽东在党的七大上评价说，党的历史上有两次重要会议，一次是1935年的遵义会议，一次是1938年的六届六中全会，并认为“六中全会是决定中国之命运的”[①]。

正是在这次至关重要的会议上，毛泽东作了《论新阶段》的政治报告，首次提出“马克思主义中国化”这一命题。报告中说：

> 马克思列宁主义的伟大力量，就在于它是和各个国家具体的革命实践相联系的。对于中国共产党说来，就是要学会把马克思列宁主义的理论应用于中国的具体的环境。成为伟大中华民族的一部分而和这个民族血肉相联的共产党员，离开中国特点来谈马克思主义，只是抽象的空洞的马克思主义。因此，使马克思主义在中国具体化，使之在其每一表现中带着必须有的中国的特性，即是说，按照中国的特点去应用它，成为全党亟待了解并亟须解决的问题。[②]

①毛泽东：《关于第七届候补中央委员选举问题》（1945年6月10日），载《毛泽东文集》（第三卷），人民出版社1996年版，第425页。

②毛泽东：《中国共产党在民族战争中的地位》（1938年10月），载《毛泽东选集》（第二卷），人民出版社1991年版，第534页。

如果脱离当时的背景，这段反对“抽象”的话，今天读起来也会显得“抽象”。因此，有必要简单说说当时的情况。

1935年10月，中央红军长征胜利到达陕北。面对民族矛盾上升为主要矛盾的严峻形势，党中央明确提出建立抗日民族统一战线的策略。1937年7月，抗战全面爆发后，国共两党再次合作，抗日民族统一战线正式形成。

在当时复杂的国际国内形势中，党如何正确处理统一战线中统一和独立、团结和斗争的关系，成为对抗日战争成败具有决定意义的问题。为了促成国共合作，党作出了必要的让步，但蒋介石把这种让步当作“认输”，得寸进尺地要求中国共产党军队由国民党统一指挥。毛泽东一眼看出问题，坚持国共合作不是“合并”，必须在统一战线中坚持独立自主。

就在这个当口，有一个人从苏联回到延安，后来掀起一阵风波。此人就是王明。

王明在21岁就前往苏联求学。他记忆力超凡，据说能将马列主义的经典著作熟记于心、大段背诵。其口才也甚是了得，在演讲时总能信手拈来，引经据典，侃侃而谈，年纪轻轻就在党内获得“理论家”的称号。这些特点也让他备受共产国际的青睐，在党内迅速崛起，掌握核心权力。当年，24岁的博古之所以能成为临时中央负责人，正是得益于当时身在苏联的王明的一手扶持。

王明因共产国际青睐而掌握权力，对共产国际可谓唯命是从，全然不顾国内实际情况。临时中央之所以犯下“左”倾教条主义的错误，台前是因为博古，幕后却是因为王明。遵义会议虽批判了博古，但没有触及王明，毕竟他当时还远在苏联，还是中国共产党驻共产国际代表。

1937年11月底，王明抵达延安，带回共产国际的指示，要求共产党服从蒋介石政府的指挥，在蒋介石政府领导下共同抗日。王明还提出“一切经过统一战线”“一切服从统一战线”[①]的主张，认为应把共产党和人民军队的活动限制在国民党允许的范围内，对党在统一战线问题上的许多正确观点提出批评。

由于王明宣称自己传达的是共产国际的指示，而共产国际当时在党内有极高威望，所以当时党内一些人还根据王明的观点进行了“自我批评”，认为过去有“狭隘观念”和“不策略的地方”。这种情况，让毛泽东一度感到被孤立。此后，王明还以共产国际的“钦差大臣”自居，做出不少与中共中央分庭抗礼的举动。

表面看，这是王明回延安带来的问题。但王明的观点为什么会有人附和？这背后其实涉及如何处理与共产国际关系的问题。中国共产党在成立后很长一段时间内，一直被视为共产国际的中国支部，接受共产国际领导。但共产国际远在莫斯科，其遥控指挥一来容易与中国实际情况脱节，二来也难免夹带苏联的国家利益。因此，如何处理共产国际的领导和自身独立自主的关系，就成为一个颇具张力的问题。然而，要解决这个实践层面问题，却不能停留于就事论事，而是要深入到思想理论的层面。当时中国共产党之所以接受共产国际的领导，归根结底是因为把后者视为马克思主义普遍真理的代言人，而马克思主义则是中国共产党的指导思想。

因此，只有在思想路线上进行深刻反思，才能从根本上解决实践

①毛泽东：《统一战线中的独立自主问题》（1938年11月5日），载《毛泽东选集》（第二卷），人民出版社1991年版，第539—540页。

中产生的上述复杂难题。《论新阶段》的报告之所以提出“共产党员是国际主义的马克思主义者，但是马克思主义必须和我国的具体特点相结合并通过一定的民族形式才能实现”[①]，就是要在国际主义和民族形式之间找到那个平衡点。报告提出“马克思主义中国化”这一重大命题，并初步提出“第一个结合”，正是对这一平衡点的集中体现。

针对王明教条主义的错误，毛泽东在《论新阶段》的报告中明确指出：

> 洋八股必须废止，空洞抽象的调头必须少唱，教条主义必须休息，而代之以新鲜活泼的、为中国老百姓所喜闻乐见的中国作风和中国气派。把国际主义的内容和民族形式分离起来，是一点也不懂国际主义的人们的做法，我们则要把二者紧密地结合起来。[②]

毛泽东的上述论述，是对长期以来的教条主义在思想上进行清算。特别是其中提到把国际主义的内容与民族形式紧密结合起来，已经触及“结合”这个重大问题，并给出了“结合”的初步思路。他的观点得到当时中共中央主要领导人和与会同志的广泛认同，很多发言都谈到“中国化”的问题。比如，张闻天更直接地指出：“将外国党的决定搬到中国来用，是一定要碰钉子的。所以不仅要懂得马克思主

①毛泽东：《中国共产党在民族战争中的地位》（1938年10月），载《毛泽东选集》（第二卷），人民出版社1991年版，第534页。

②毛泽东：《中国共产党在民族战争中的地位》（1938年10月），载《毛泽东选集》（第二卷），人民出版社1991年版，第534页。

义的原则，而且要在民族环境中来实现这些原则。”[①]

（四）理论与实践的双向奔赴：“第一个结合”的体系化建构

“马克思主义中国化”这一重大命题提出之后，有关“第一个结合”的理论总结，也随着实践的推进而不断深化。

1940年1月，毛泽东在《新民主主义论》中强调“必须将马克思主义的普遍真理和中国革命的具体实践完全地恰当地统一起来，就是说，和民族的特点相结合，经过一定的民族形式，才有用处，决不能主观地公式地应用它”[②]。在此之前，党内已经提到要结合国际主义的内容和民族形式，提出把马克思主义和我国的具体特点结合起来，这里把结合点从“具体特点”上升到“具体实践”，并强调“一定的民族形式”，让“第一个结合”变得更加全面系统。

在延安整风期间，毛泽东总结历史经验说：“中国共产党的二十年，就是马克思列宁主义的普遍真理和中国革命的具体实践日益结合的二十年。”[③]这是用“结合”的理论命题，去概括和总结党的历史，使这一理论命题具有历史纵深和普遍意义。

1945年4月，党的六届七中全会通过的《关于若干历史问题的决议》开宗明义地指出：“中国共产党自一九二一年产生以来，就以马

①张闻天：《关于抗日民族统一战线与党的组织问题》（1938年10月），载《张闻天选集》，人民出版社1985年版，第225—226页。

②毛泽东：《新民主主义论》（1940年1月），载《毛泽东选集》（第二卷），人民出版社1991年版，第707页。

③毛泽东：《改造我们的学习》（1941年5月19日），载《毛泽东选集》（第三卷），人民出版社1991年版，第795页。

克思列宁主义的普遍真理和中国革命的具体实践相结合为自己一切工作的指针，毛泽东同志关于中国革命的理论和实践便是此种结合的代表。”[①]这里进一步提升了“结合”的理论地位，将其作为“一切工作的指针”，并凸显了毛泽东在推动结合中的重要作用。

在党的七大上，毛泽东在《论联合政府》的报告中指出：“马克思列宁主义的普遍真理一经和中国革命的具体实践相结合，就使中国革命的面目为之一新，产生了新民主主义的整个历史阶段。”[②]“反映了全世界无产阶级实践斗争的马克思列宁主义的普遍真理，在它同中国无产阶级和广大人民群众的革命斗争的具体实践相结合的时候，就成为中国人民百战百胜的武器。中国共产党正是这样做了。”[③]

这两段话充分彰显了“结合”所带来的实践伟力：它使中国革命的“面目为之一新”，并“成为中国人民百战百胜的武器”。而推动结合的实践主体，正是中国共产党。

在党的七大上，刘少奇作了修改党章的报告，指出党从诞生时开始，“就以马克思列宁主义的普遍真理与中国工人运动和中国革命的具体实践相结合”[④]，毛泽东“将人类这一最高思想——马克思主义的普遍真理与中国革命的具体实践相结合，而把我国民族的思想水平提到了从来未有的合理的高度，并为灾难深重的中国民族与中国人民

---

①《附录：关于若干历史问题的决议》（1945年4月20日），载《毛泽东选集》（第三卷），人民出版社1991年版，第952页。

②毛泽东：《论联合政府》（1945年4月24日），载《毛泽东选集》（第三卷），人民出版社1991年版，第1093页。

③毛泽东：《论联合政府》（1945年4月24日），载《毛泽东选集》（第三卷），人民出版社1991年版，第1094页。

④刘少奇：《论党》（1945年5月14日），载《刘少奇选集》上卷，人民出版社1981年版，第314页。

指出了达到彻底解放的唯一正确的道路——毛泽东道路”[①]。此处所谓“毛泽东道路”，就是毛泽东开辟的把马克思主义基本原理同中国革命具体实际相结合的道路，即指引中国革命走向胜利的新民主主义革命道路。

经过上述一系列探索，“第一个结合”的含义方才日渐丰满，地位也越来越重要。这是以毛泽东同志为核心的党的第一代中央领导集体对马克思主义的重大理论和实践创新，是对马克思主义的原创性贡献。

（五）历史逻辑的延续与突破：从“两次结合”到百年求索

“特别值得注意的是，最近苏联方面暴露了他们在建设社会主义过程中的一些缺点和错误，他们走过的弯路，你还想走吗？过去我们就是鉴于他们的经验教训，少走了一些弯路，现在当然更要引以为戒。”[②]1956年4月25日，中南海怀仁堂，毛泽东在政治局扩大会议上抛出此番振聋发聩的诘问和告诫。

1949年6月，毛泽东在《论人民民主专政》中指出：苏联人民在列宁、斯大林的领导下，不但会革命，也会建设，“他们已经建设起来了一个伟大光辉灿烂的社会主义国家，苏联共产党就是我们最好的先生，我们必须向他们学习”[③]。新中国成立后，毛泽东更进一步明

---

①刘少奇：《论党》（1945年5月14日），载《刘少奇选集》上卷，人民出版社1981年版，第319页。

②毛泽东：《论十大关系》（1956年4月25日），载《毛泽东文集》（第七卷），人民出版社1999年版，第23页。

③《建国以来毛泽东文稿》（第一册），中央文献出版社1987年版，第266页。

确指出：“我们要进行伟大的国家建设，我们面前的工作是艰苦的，我们的经验是不够的。因此，要认真学习苏联的先进经验。”①

新中国成立初期，向苏联学习是真诚的；六七年之后，“以苏为鉴”也是认真的。心态的转变，源自对“第一个结合”认识的又一次深化。

1949年3月，党的七届二中全会明确提出了革命胜利后的总任务：将中国由农业国转变为工业国，由新民主主义社会过渡到社会主义社会，并将党的工作重心由乡村转移到城市。

如何完成这个总任务，实现由农业国向工业国的转变？当时，工业化主要有以欧美资本主义国家为代表的资本主义工业化模式和以苏联为代表的社会主义工业化模式。前者实行生产资料的私有制，优先发展轻工业，一般经过50至100年的时间实现工业化；后者实行生产资料的公有制，优先发展重工业，基本用十几年就实现工业化。

毋庸多言，对于当时还缺乏工业化经验的中国共产党而言，苏联模式是唯一选项。这不仅是因为该模式见效快，更是因为该模式被认为符合马克思、恩格斯对未来共产主义的原则设想，在公有制、按劳分配、计划经济等方面都提供了成功的经验。

况且，苏联一开始还对新中国给予了实打实的帮助。在“第一个五年计划”期间，苏联就派来3000多名专家，承担了156项骨干工程的援建工作，为我国建立基础工业体系和国防工业体系奠定了初步基础。相比之下，当时的西方国家对新中国不仅在政治上孤立，而且在经济上实行封锁禁运，试图将新中国扼杀在摇篮里。在这种情况下，

①中央档案馆、中共中央文献研究室编：《中共中央文件选集（一九四九年十月——一九六六年五月）》（第13册），人民出版社2013年版，第230页。

向苏联“一边倒”倒也顺理成章。

苏联模式有没有效果呢？当然有。该模式对于新中国迅速恢复国民经济、建立起以社会主义公有制为基础的经济体制、建立自己的工业体系和国防体系、打破西方国家封锁，都起到了积极的历史作用。

但是，随着实践的深入，中国共产党发现了苏联模式存在的诸多问题。比如，过度强调重工业，导致农业和轻工业发展滞后，影响了人民生活的改善；高度集中的计划经济体制限制了企业的自主性和活力，阻碍了经济效率的提高；政治上的高度集权导致了个人崇拜和官僚主义等问题。

对于这段历史，毛泽东后来回顾说：“解放后，三年恢复时期，对搞建设，我们是懵懵懂懂的。接着搞第一个五年计划，对建设还是懵懵懂懂的，只能基本上照抄苏联的办法，总觉得不满意，心情不舒畅。”①

不满意怎么办？中国共产党再次拿出“调查研究”这个看家本领。

为开好党的八大，1956年2月中旬开始，毛泽东、刘少奇、周恩来、朱德、陈云、邓小平等中央领导同志对社会主义建设问题进行了一次比较全面、系统、深入的调查研究。毛泽东用了43天时间，先后听了34个经济部门的工作汇报。随后，他又用了6天时间，听取国家计委关于“第二个五年计划”的汇报。为进一步了解各地方的工业、运输、财贸等方面的情况，毛泽东和中共中央还要求各省、市、自治区党委从10个方面准备经济工作的汇报材料。

---

①毛泽东：《读苏联〈政治经济学教科书〉的谈话（节选）》（1959年12月—1960年2月），载《毛泽东文集》（第八卷），人民出版社1999年版，第117页。

正是基于扎实的调查研究，才有了政治局扩大会议上那番反思。那次会议上毛泽东的整个讲话，就是著名的《论十大关系》。在这个报告中，他明确提出要“以苏为鉴”，探索适合中国国情的社会主义建设道路。这就是要把苏联作为一面镜子，吸取其成败得失的经验和教训。该报告将重工业和轻工业、农业的关系列为第一大关系，强调要在优先发展重工业的同时，注重农业和轻工业的发展，实现国民经济的协调发展。

5个月之后，1956年9月，党的八大胜利召开。这是中国共产党成为执政党后召开的首次全国代表大会，核心任务是探索符合中国国情的社会主义建设道路。毛泽东在开幕词中说：

> 最重要的是要独立思考，把马列主义的基本原理同中国革命和建设的具体实际相结合。民主革命时期，我们吃了大亏之后才成功地实现了这种结合，取得了新民主主义革命的胜利。现在是社会主义革命和建设时期，我们要进行第二次结合，找出在中国怎样建设社会主义的道路。①

这里正式提出“第一个结合”中的“第二次结合”的问题，就是把马克思列宁主义的基本原理同我国社会主义建设的具体实际相结合。遗憾的是，由于种种原因，“第二次结合”的正确方针在相当时期内未能得到有效落实。

不过，改革开放以来的伟大实践，可以说是“第一个结合”中的

---

①《毛泽东年谱（一九四九——一九七六）》（第二卷），中央文献出版社2013年版，第557页。

“第二次结合”逻辑的充分展开。中国共产党将马克思主义与改革开放新的具体实际相结合，形成了中国特色社会主义理论体系，实现了马克思主义中国化新的飞跃，中华民族实现了从站起来到富起来的伟大飞跃。

三、当今“具体实际”好像变化挺大，马克思主义还行不行？如果行，到底该怎么学？

“有的认为马克思主义已经过时，中国现在搞的不是马克思主义；有的说马克思主义只是一种意识形态说教，没有学术上的学理性和系统性。实际工作中，在有的领域中马克思主义被边缘化、空泛化、标签化，在一些学科中‘失语’、教材中‘失踪’、论坛上‘失声’。这种状况必须引起我们高度重视。”[①]

2016年5月17日，在哲学社会科学工作座谈会上，习近平总书记一针见血地指出了当前马克思主义面临的“三化”和“三失”的问题。这个问题的背后，是一段时间以来颇有些市场的“马克思主义过时论”“马克思主义无用论”。

持这些论调的人宣称，马克思主义诞生在一个半世纪之前，而今天人类社会发生了巨大变化，已经不是这一理论所能解释得了的。事实真是如此吗？当然不是。

---

①习近平：《在哲学社会科学工作座谈会上的讲话》（2016年5月17日），《人民日报》2016年5月19日第2版。

（一）马克思主义：跨越时空的思想伟力

“中国共产党为什么能，中国特色社会主义为什么好，归根到底是因为马克思主义行！”[①]2021年7月1日，在庆祝中国共产党成立100周年大会上，习近平总书记这句生动鲜活的表述掷地有声，赢得掌声雷动。

对于一个国家来说，如果其指导思想与社会意识之间长期处于“两张皮”的状态，就像一个人患上“人格分裂”，后果是非常严重的。习近平总书记的此番表态，正是对“马克思主义过时论”“马克思主义无用论”的严正驳斥。在其他一些场合，他还对这个问题作过更具体的回应。

在理论这一头，习近平总书记指出：“马克思的思想理论源于那个时代又超越了那个时代，既是那个时代精神的精华又是整个人类精神的精华。”[②]

1999年，英国广播公司（BBC）发起“千年思想家”评选，马克思以最高票当选，超越爱因斯坦、牛顿等科学家。我们对此处的“千年”可作一引申理解：不仅是指其思想成就超越千年以来的各个思想家，不仅是说其思想将有持续千年以上的影响，更意味着其所思考和研究的时间尺度不是几十年、上百年，而是上千年。

---

①习近平：《在庆祝中国共产党成立100周年大会上的讲话》（2021年7月1日），《求是》2021年第14期。

②习近平：《在纪念马克思诞辰200周年大会上的讲话》（2018年5月4日），《求是》2018年第10期。

马克思的思想理论博大精深，不妨看看恩格斯的概括。1883年3月，马克思逝世。恩格斯于《在马克思墓前的讲话》中写道：

正像达尔文发现有机界的发展规律一样，马克思发现了人类历史的发展规律，即历来为繁芜丛杂的意识形态所掩盖着的一个简单事实：人们首先必须吃、喝、住、穿，然后才能从事政治、科学、艺术、宗教等等；所以，直接的物质的生活资料的生产，从而一个民族或一个时代的一定的经济发展阶段，便构成基础，人们的国家设施、法的观点、艺术以至宗教观念，就是从这个基础上发展起来的，因而，也必须由这个基础来解释，而不是像过去那样做得相反。

不仅如此。马克思还发现了现代资本主义生产方式和它所产生的资产阶级社会的特殊的运动规律。由于剩余价值的发现，这里就豁然开朗了，而先前无论资产阶级经济学家或者社会主义批评家所做的一切研究都只是在黑暗中摸索。

一生中能有这样两个发现，该是很够了。即使只能作出一个这样的发现，也已经是幸福的了。但是马克思在他所研究的每一个领域，甚至在数学领域，都有独到的发现，这样的领域是很多的，而且其中任何一个领域他都不是浅尝辄止。①

再说实践这一头。习近平总书记指出，尽管我们所处的时代同马克思所处的时代相比发生了巨大而深刻的变化，但从世界社会主义

---

①恩格斯：《在马克思墓前的讲话》，载《马克思恩格斯文集》（第三卷），人民出版社2009年版，第601—602页。

500年的大视野来看，我们依然处在马克思主义所指明的历史时代。[①]时代为什么没有根本性的改变？在哲学社会科学工作座谈会上，习近平总书记谈道：

> 有人说，马克思主义政治经济学过时了，《资本论》过时了。这个说法是武断的。远的不说，就从国际金融危机看，许多西方国家经济持续低迷、两极分化加剧、社会矛盾加深，说明资本主义固有的生产社会化和生产资料私人占有之间的矛盾依然存在，但表现形式、存在特点有所不同。国际金融危机发生后，不少西方学者也在重新研究马克思主义政治经济学、研究《资本论》，借以反思资本主义的弊端。法国学者托马斯·皮凯蒂撰写的《21世纪资本论》就在国际学术界引发了广泛讨论。该书用翔实的数据证明，美国等西方国家的不平等程度已经达到或超过了历史最高水平，认为不加制约的资本主义加剧了财富不平等现象，而且将继续恶化下去。作者的分析主要是从分配领域进行的，没有过多涉及更根本的所有制问题，但使用的方法、得出的结论值得深思。[②]

这就是说，一方面，马克思主义的理论具有超越其所处时代的普遍性；另一方面，我们所处的时代和马克思所处的时代相比尚未发生

---

①习近平：《继续推进马克思主义中国化时代化大众化》（2017年9月29日），载习近平：《论党的宣传思想工作》，中央文献出版社2020年版，第286页。

②习近平：《在哲学社会科学工作座谈会上的讲话》（2016年5月17日），《人民日报》2016年5月19日第2版。

根本性的变化。那么结论就是，马克思主义不仅没有过时，反而对现实具有更深刻的解释力和穿透力。总之，“马克思主义是科学的理论，它犹如壮丽的日出，照亮了人类探索历史规律和寻求自身解放的道路，为我们认识世界、改造世界提供了强大思想武器。在人类思想史上，没有一种理论能达到马克思主义的高度，也没有一种思想能像马克思主义那样对人类文明进步产生了如此广泛而深刻的影响”[①]。

（二）为何说马克思主义政治经济学永不过时

一些人之所以认为马克思主义过时了，还有一个具体的原因，就是把马克思主义狭隘地理解为关于政治革命的学说。事实上，在建设和改革的进程中，马克思主义对中国特色社会主义事业依然具有实质性的指导意义，特别是其中的政治经济学。

改革开放以来很长一段时间，经济学都是“热门专业”。这里的经济学，主要是西方经济学。这门看上去充满各种公式、让人“不明觉厉”的学说，其理论前提倒并不复杂，其中一条叫作“理性人假设”。什么是“理性人”呢？西方经济学告诉我们，个人要追求自我利益最大化，企业要追求利润最大化，资本要追求不断增殖。

这套学说有没有意义？有。特别是在我国经济还比较落后、人们普遍还不富裕的阶段，参考这套学说的导向去进行政策引导、发展市场经济，确实能够极大地激发个人发家致富和企业发展壮大的积极性，能够充分发挥资本的积极作用，进而促进经济总量的迅速

①中共中央宣传部：《习近平文化思想学习纲要》，学习出版社、人民出版社2024年版，第26页。

提升。

但是，当我们一路发展到国民生产总值排名世界第二的时候，如果只强调西方经济学，显然是不够的。

当前出现了“躺平”“内卷”等网络流行词。为什么出现这样的流行词？原因比较复杂。其中折射出的集体心理却值得注意和警惕。我们是社会主义国家，在充分发挥资本活力的同时，须防止资本的无序扩张，因为放任、助长资本无限增殖的资本主义是社会的“癌细胞”，必将以吞噬整个社会机体为代价。[①]

那么，如何既利用资本，又有效驾驭资本呢？如何给资本设置红绿灯，让其有序运行呢？如何避免资本主义这个“癌细胞”呢？在这个问题上，单靠秉持“理性人假设”的西方经济学是远远不够的，因为这套学说只注重“轰油门”，不擅长“踩刹车”。而马克思主义政治经济学，则有驾驭资本的价值立场和理论指引。一部《资本论》，把这些问题讲得明明白白。作为一个以马克思主义为指导思想的国家，处理这些问题理应成为我们的拿手本领。

正是基于对马克思主义政治经济学的深刻理解和运用，习近平总书记指出：“要历史地、发展地、辩证地认识和把握我国社会存在的各类资本及其作用。在社会主义市场经济体制下，资本是带动各类生产要素集聚配置的重要纽带，是促进社会生产力发展的重要力量，要发挥资本促进社会生产力发展的积极作用。同时，必须认识到，资本具有逐利本性，如不加以规范和约束，就会给经济社会发展带来不可

①这一生动比喻源自刘哲昕教授在一些讲座中对于资本与政治关系的解读，特此致谢。

估量的危害。”[①]当前，我们正大力推进“以人民为中心”的中国式现代化，促进全体人民共同富裕，并从多方面整治“内卷式竞争”，这正是对西方以资本为中心的现代化道路的全面超克。

有学者指出：

中国选择马克思主义，是从传统社会进入到现代社会这段历史进程的必然选择，是中国从受资本逻辑主导的附属国家走向主动追求社会主义现代化国家的必然选择。

政治革命只是中国现代化事业的一部分，也只是马克思主义理论的一部分，它不是马克思主义学说的目的本身，而是为了摆脱资本逻辑主导的历史阶段不得不主张采取的方式或手段。

中国选择的马克思主义也绝对不只是以政治革命为中心的马克思主义，还包括分析资本逻辑与市场经济的、作为政治经济学的马克思主义。这样的马克思主义在中国社会发展中每个阶段包括对改革开放以来的中国社会，都绝不仅仅是名义上的，而是一直具有实际指导意义的理论。[②]

（三）学好用好马克思主义这一看家本领

提到学习马克思主义，很多朋友可能会说，马克思主义太博大精

①《习近平在中共中央政治局第三十八次集体学习时强调 依法规范和引导我国资本健康发展 发挥资本作为重要生产要素的积极作用》，《人民日报》2022年5月1日第2版。

②陈培永：《“马克思主义中国化”若干基本问题——基于中国共产党百年历程的思考》，《浙江社会科学》2021年第6期。

深了，我又不学相关专业，就算你说得有道理，那么多内容怎么学得过来?

如果您时间有限，至少可以静下心来，读一读习近平总书记2018年5月4日在纪念马克思诞辰200周年大会上发表的重要讲话。讲话篇幅不长，约一万字，一小时内就能读一遍。仅用这一小时，您就能高度浓缩地了解马克思伟大的一生、马克思主义对全世界的划时代意义、马克思主义对中国的深刻影响，以及如何学习和实践马克思主义等。

特别是对于如何学习和实践马克思主义，习近平总书记引用恩格斯的话说："马克思的整个世界观不是教义，而是方法。它提供的不是现成的教条，而是进一步研究的出发点和供这种研究使用的方法。"[①]只有告别教条主义，才能让马克思主义随着时代不断发展。习近平总书记强调："坚持用马克思主义观察时代、解读时代、引领时代，用鲜活丰富的当代中国实践来推动马克思主义发展。"[②]

在这方面，需要考虑两个层次的问题：第一，在博大精深、内容丰富的马克思主义中，需要坚持和运用的基本原理到底有哪些？第二，结合中国当下的具体实际，需要重点学习马克思主义中的哪些内容?

关于第一个问题，习近平总书记提到以下几个方面：一是辩证唯物主义和历史唯物主义的世界观和方法论；二是马克思主义的立场、

①《恩格斯致韦尔纳·桑巴特》(1895年3月11日)，载《马克思恩格斯文集》(第十卷)，人民出版社2009年版，第689页。

②习近平：《在纪念马克思诞辰200周年大会上的讲话》(2018年5月4日)，《求是》2018年第10期。

观点、方法；三是马克思主义关于世界的物质性及其发展规律，关于人类社会发展的自然性、历史性及其相关规律，关于人的解放和自由全面发展的规律，关于认识的本质及其发展规律等原理；四是马克思主义的实践观、群众观、阶级观、发展观、矛盾观。他强调，要“真正把马克思主义这个看家本领学精悟透用好”①。

第二个问题则属于“敲黑板，划重点”的部分。这不仅包括上面重点讨论的政治经济学。按照习近平总书记的指引，主要有下面的内容。②

（1）关于人类社会发展规律的思想

马克思说，人类社会最终会走向共产主义，这是一个必然的趋势。共产主义社会里，每个人都能自由发展、共同进步。我们要相信历史的潮流是向前的，只要人民成为社会的主人，共产主义理想就一定能实现。我们要把共产主义的远大理想和我们现在正在做的事情结合起来，坚定中国特色社会主义的道路自信、理论自信、制度自信和文化自信。

（2）关于坚守人民立场的思想

马克思最看重的是人民，他说“历史活动是群众的活动”，让人民获得解放是他一生的追求。我们也要始终把人民放在心里，把为人民谋幸福当作自己的使命，全心全意为人民服务，和人民保持密切联系，团结带领人民一起创造历史伟业。

①习近平：《在纪念马克思诞辰200周年大会上的讲话》（2018年5月4日），《求是》2018年第10期。

②习近平：《在纪念马克思诞辰200周年大会上的讲话》（2018年5月4日），《求是》2018年第10期。

（3）关于生产力和生产关系的思想

马克思认为，生产力是社会进步的关键，生产关系要和生产力相适应。我们要通过深化改革，调整生产关系，激发生产力的活力，让中国特色社会主义更好地发展。

（4）关于人民民主的思想

马克思说，无产阶级的运动是为绝大多数人谋利益的。我们要坚定不移地走中国特色社会主义政治发展道路，让人民当家作主，加强民主制度建设，让人民积极参与国家治理。

（5）关于文化建设的思想

马克思认为，思想文化是由经济基础决定的，但也能反过来影响经济基础。我们要发展先进的文化，弘扬社会主义核心价值观，让中华优秀传统文化在新时代焕发出新的光彩。

（6）关于社会建设的思想

马克思希望未来社会能让所有人都富裕起来，共享福祉。我们要以人民为中心，解决好人民关心的利益问题，让发展成果惠及全体人民，朝着共同富裕的目标前进。

（7）关于人与自然关系的思想

马克思认为，人靠自然界生活，自然也给人类提供了生产生活资料来源。我们要保护自然，与自然和谐共生，建设美丽中国，让人民在绿水青山中享受美好生活。

（8）关于世界历史的思想

马克思说，随着生产方式和交往方式的发展，历史会越来越成为世界历史。现在，世界各国联系越来越紧密，我们要坚持和平发展，积极参与全球治理，与各国人民一起构建人类命运共同体。

（9）关于马克思主义政党建设的思想

马克思认为，共产党人要始终代表整个运动的利益，为人民谋利益。我们要加强党的建设，增强“四个意识”，推进全面从严治党，把党建设得更加坚强有力。

在上述九条内容中，第一条涉及最高理想，第二条涉及根本立场，可谓既志存高远，又脚踏实地；第三至七条分别对应经济建设、政治建设、文化建设、社会建设、生态文明建设组成的“五位一体”总体布局，其着眼点是先把中国自己的事情搞好；第八条对应推动构建人类命运共同体，则指向如何处理中国与世界的关系；第九条则是“四个全面”战略布局的重要内容，涉及如何坚持和加强党的全面领导，而这恰恰是所有布局得以实现的根本保障。这些内容大都关系到新时代中国特色社会主义的伟大实践。这些实践之所以具有重大理论意义，且能够形成一个系统的整体，完全依靠马克思主义理论的坚实支撑。因此，只有充分理解马克思主义在这些方面的相关理论，才能更好地把握“事”背后的“理”，理解“理”如何作用于“事”，进而真正树立起道路自信、理论自信、制度自信和文化自信。

这也充分说明，马克思主义对当代中国和世界的指导意义绝没有过时，且这种指导意义并不局限于我们前面集中讨论的政治经济学领域，而是全方位、系统性的。正如习近平总书记所说：“新时代，中国共产党人仍然要学习马克思，学习和实践马克思主义，不断从中汲取科学智慧和理论力量，在统筹推进‘五位一体’总体布局、协调推进‘四个全面’战略布局中，更有定力、更有自信、更有智慧地坚持和发展新时代中国特色社会主义，确保中华民族伟大复兴的巨轮始终沿着正确航向破浪前行。”①

四、建党百年时才提出的“第二个结合”，在党史中有充分的依据吗？今天专门提“第二个结合”意义何在？

对于“两个结合”中的“第二个结合”，可能有人心里存有疑惑：这个如此“新鲜”的提法，在百余年的党史中有充分的历史依据吗？或者说，“两个结合”的命题能否通过回溯而贯通到百余年的党史之中？回答是肯定的。

（一）新民主主义革命时期的“结合”探究

1937年7、8月间，在抗日战争全面爆发的硝烟战火中，毛泽东在陕北窑洞中写下名篇——《矛盾论》和《实践论》（以下简称“两论”）。

“两论”充分吸收了中国传统哲学的精华，体现了“民族的特点”。中国传统哲学中有“一阴一阳之谓道”（《周易·系辞上》）的思想，强调事物内部的对立统一。毛泽东在《矛盾论》中深入阐述了矛盾的普遍性和特殊性，这与传统哲学中的阴阳对立统一思想有相通之处，但他又用马克思主义的辩证法进行了科学的分析和提升。同时，中国古代哲学也有“知行合一”的思想，强调知见与行动的结

①习近平：《在纪念马克思诞辰200周年大会上的讲话》（2018年5月4日），《求是》2018年第10期。

合。毛泽东在《实践论》中进一步发展了马克思主义的认识论，强调实践是认识的来源和检验真理的标准，这既吸收了中国传统哲学的精华，又赋予了新的科学内涵。

“两论”还大量运用通俗易懂、生动活泼的表达，极大拓展了“民族的形式”。比如，在《矛盾论》中，他用“射箭要射中靶子”来比喻理论与实际相结合的重要性，用“鸡蛋因得适当的温度而变化为鸡子，但温度不能使石头变为鸡子”[①]来说明外因通过内因起作用的哲学原理。在《实践论》中，他用“去粗取精、去伪存真、由此及彼、由表及里”来描述认识过程的深化，用“你要知道梨子的滋味，你就得变革梨子，亲口吃一吃”[②]来说明实践的重要性。这些接地气的观点和比喻，让普通干部和群众也能听懂马克思主义的深刻道理。

正是基于这些理论和实践探索的成果，1938年，毛泽东在党的六届六中全会上作的《论新阶段》的报告中首次提出“马克思主义中国化”的命题，并说出一段后来被广为传诵的话：“今天的中国是历史的中国的一个发展。我们是马克思主义的历史主义者，我们不应当割断历史。从孔夫子到孙中山，我们应当给以总结，承继这一份珍贵的遗产。”[③]这句话其实就表明了毛泽东对中国传统文化的总体态度。他在报告中还强调要用“新鲜活泼的、为中国老百姓所喜闻乐见的中

①毛泽东：《矛盾论》(1937年8月)，载《毛泽东选集》(第一卷)，人民出版社1991年版，第302页。

②毛泽东：《实践论：论认识和实践的关系——知和行的关系》(1937年7月)，载《毛泽东选集》(第一卷)，人民出版社1991年版，第287页。

③毛泽东：《中国共产党在民族战争中的地位》(1938年10月)，载《毛泽东选集》(第二卷)，人民出版社1991年版，第534页。

国作风和中国气派”[①]来代替那些洋八股、空洞抽象的理论和教条主义。

1940年，毛泽东在《新民主主义论》里进一步强调“民族的特点”“民族的形式”，从理论上高度概括了实现马克思主义基本原理同中华优秀传统文化相结合的重要途径。

与之相呼应，新民主主义革命时期，党在“第二个结合”方面展开了不少的理论和实践探索。除了上面提到的“两论”，这方面的成果还有很多。其中堪称典范的、可谓家喻户晓的，当属毛泽东著名的“老三篇”——《为人民服务》《纪念白求恩》和《愚公移山》，以及刘少奇的《论共产党员的修养》等等。

（二）新中国成立后的持续探索与曲折发展

“两个结合”特别是“第二个结合”层面的理论和实践探索，在新中国成立后仍然持续。

1956年召开的中国共产党第八次全国代表大会，是中国共产党在新中国成立后召开的一次重要会议，在文化建设方面提出了许多具有前瞻性和指导性的方针和政策。八大确认了毛泽东提出的“双百”方针，要求用符合科学和文化艺术发展规律的方法，而不是简单的行政的方法来指导科学和文化艺术的发展。这为文化的繁荣发展创造了宽松、自由的环境。

党的八大明确提出，对于封建主义和资本主义的思想，必须继续

①毛泽东：《中国共产党在民族战争中的地位》（1938年10月），载《毛泽东选集》（第二卷），人民出版社1991年版，第534页。

进行批判。但是，对于中国过去的和外国的一切有益的文化知识，必须加以继承和吸收；必须利用现代的科学文化来整理我国优秀的文化遗产，努力创造社会主义的民族的新文化。这种新文化既不是对传统文化的简单复制，也不是对外来文化的盲目模仿，而是在批判继承和创新发展的基础上形成的独特文化体系。

正是在党的八大精神的指引下，新中国加强了对历史文物、古迹的保护工作，包括今天已成文博界“顶流”的敦煌莫高窟在内的许多重要文化遗产，都由此得到了有效的修缮和保护。

同样遗憾的是，“第二个结合”的进程在“文革”中遭遇重大挫折。不过，历史会在曲折中不断前进。改革开放以来，这方面的探索得以继续展开。

1979年12月，日本首相大平正芳率领代表团访问中国。在同邓小平会面时，这位著名的经济发展战略问题专家发问：中国根据自己独自的立场提出了宏伟的现代化规划，要把中国建设成伟大的社会主义国家。中国将来会是什么样？整个现代化的蓝图是如何构思的？

这个突然提出的问题，倒是出乎邓小平的预料。沉稳的他并没有马上作答，而是停下来思考了一分多钟，然后回答道：“我们要实现的四个现代化，是中国式的四个现代化。我们的四个现代化的概念，不是像你们那样的现代化的概念，而是‘小康之家’。”[①]此后，“小康社会”的提法获得日益丰富的理论内涵，“全面建成小康社会”成为党的一个阶段性奋斗目标，最终在2021年建党百年之际得以实现。

---

①邓小平：《中国本世纪的目标是实现小康》（1979年12月6日），载《邓小平文选》（第二卷），人民出版社1994年版，第237页。

回想邓小平当年停下来思考的那一分钟，电光石火之际，大概有对于此前急于追求"大同"带来的诸多问题的反思，也有对于"小康"背后所蕴含的"衣食无忧""过好日子"状态的朴素向往。这一刻的灵光乍现，正是对传统文化的巧妙化用，是"第二个结合"的生动体现。据说，如何把"小康社会"翻译成英语，一开始还难倒了好些译者，因为这一深深植根于中华优秀传统文化的概念，在英语中实难直接找到贴切的对应词汇！

同时，为解决香港、澳门和台湾问题，实现祖国统一，邓小平创造性地提出了"一国两制"构想，体现了"和而不同""兼容并包"的古老智慧。他主张物质文明和精神文明建设"两手抓、两手都要硬"，强调要继承和发扬民族的优秀文化传统和党的优良传统，反对封建主义残余影响，抵制资本主义腐朽思想的侵蚀。他强调科学技术是第一生产力，深刻体现了中国传统"经世致用"的务实精神。

此后，江泽民强调弘扬和培育民族精神，提出"坚持依法治国和以德治国相结合"的治国方略。他还指出，毛泽东思想、邓小平理论"既体现了马克思列宁主义的基本原理，又包含了中华民族的优秀思想和中国共产党人的实践经验"[①]。此处提到的"中华民族的优秀思想"，就包含了"第二个结合"的理论因子。胡锦涛则充分汲取传统和合文化的精髓，提出构建社会主义和谐社会，还提出了以"八荣八耻"为主要内容的社会主义荣辱观，体现了传统文化对崇高道德的追求。

通过这些不完全的梳理，我们可以发现，虽然"第二个结合"在

---

①江泽民：《在庆祝中国共产党成立八十周年大会上的讲话》，《人民日报》2001年7月2日第3版。

中国共产党成立一百年内并没有被明确提出，但相关的理论和实践探索可谓层出不穷。这些探索都为建党百年之际正式提出“两个结合”奠定了坚实的思想基础。

（三）从“自发”到“自觉”：“第二个结合”的正式提出及其重大意义

但是问题又来了：既然以前没有专门提“第二个结合”，仍然有不少相关的理论和实践探索，那么今天正式提出“两个结合”，意义在哪里呢？

诚然，百余年党史中不乏“第二个结合”方面的探索，但对于传统文化也曾出现过于激烈的，甚至否定性的批判。新文化运动中流传的“打倒孔家店”的观点，对于早期的中国共产党具有不小的影响；在“文革”期间，还发生过“批林批孔”运动，出现过“彻底砸烂孔家店”的说法；此后很长一段时间，社会大众对传统文化的认知中，所谓“封建”“落后”之类的标签仍然挥之不去，传统文化甚至被人们当成现代化路上的绊脚石……

如果经济指标一路高涨，但传统文化却渐行渐远，结果会怎样？

2009年，据说有一位美国《福布斯》杂志的记者采访撒切尔夫人：“中国能不能强大？能不能构成对世界的威胁？”撒切尔夫人答道：“我注意到，中国改革开放以来所使用的新思想、新观念、新概念甚至思维方式，都是西方的，连理论研究都是在西方的结论基础上进行的，这些结论来自剑桥、哈佛等著名大学，也有著名的研究机构。我不否认这些新思想、新观念、新概念以及新思维的正确性，但是，它是为西方价值观服务的。”[①]

为什么《福布斯》杂志的记者在2009年的时候会问出这番问题？一年之后的2010年，中国国内生产总值超过日本，正式成为世界第二。在2009年，这个走势已经非常明显。为什么去问撒切尔夫人而不是别人？因为撒切尔夫人对中国挺熟悉，特别是围绕香港回归的问题，和中国打过不少交道，被认为是西方政治家中比较懂中国的人。那么，撒切尔夫人在完成上述铺垫后，结论是什么呢？

她对当时的中国“隔空喊话”：“试想，一个只能步他人后尘的国家，能够强大吗？至于对世界的威胁，那更是不可思议的。”后面这一句倒是“误打误撞”地说对了，中国不论强弱都不会去威胁世界；但前面的这番“灵魂拷问”，不管其在事实层面是否经得起严格的推敲，都足以让我们深思。

这里谈到“价值观”。价值观反映了人们对于是非对错的共同判断标准，但又不只是几个抽象的字眼而已。价值观的背后是由文化所提供的一整套意义系统。一个国家和民族即便经济再发达，如果文化上有短板，价值观有缺失，也很难具有世界性的影响力，很难被别人打心眼里看得起。

而且，不仅是被别人瞧不起，还会缺乏长久的竞争力。对于一个国家和民族而言，经济、科技、军事等方面的实力重要吗？当然很重要。“落后就要挨打”，这是我们从近代史中汲取的最深刻的教训之一。但是，光靠经济、科技、军事等所谓“硬实力”，就够了吗？中科院院士杨叔子先生曾说过一句话：“一个国家、一个民族，没有科

①关于该故事，参见庄庸、王秀庭：《从“畅销书时代”到“后主题出版时代”》，福建教育出版社2017年版，第243页。

学技术，就是落后，一打就垮；然而，一个国家、一个民族，没有人文精神，就会异化，不打自垮。”[①]就像一个人，就算身体孔武有力，却没有精气神，成天失魂落魄，也只能是“行尸走肉”。

党的十九大报告强调：“文化是一个国家、一个民族的灵魂。文化兴国运兴，文化强民族强。没有高度的文化自信，没有文化的繁荣兴盛，就没有中华民族伟大复兴。”[②]对于一个国家和民族而言，文化的意义，就像“灵魂”之于一个人的意义。只有有了“魂儿”，一个人才有精气神，才能面对各种坎坷大步流星向前走；只有有了坚定的文化自信，一个国家和民族才能养成万众一心、昂扬向上的精神风貌，才能有效应对前进道路上的各种风险挑战，才能在世界风云激荡中行稳致远。

那么，文化自信的根基和源头又在哪里呢？《习近平文化思想学习纲要》（以下简称《纲要》）指出：

> 坚定文化自信，要善于从中华文化宝库中萃取精华、汲取能量。中华文化独一无二的理念、智慧、气度、神韵，增添了中国人民和中华民族内心深处的自信和自豪。习近平总书记指出：“泱泱中华，历史何其悠久，文明何其博大，这是我们的自信之基、力量之源。”
>
> 中国人民的理想和奋斗，中国人民的价值观和精神世界，是

---

①华中科技大学国家大学生文化素质教育基地编：《春雨化育　华中科技大学文化素质教育十年》，华中科技大学出版社2005年版，第124页。

②习近平：《决胜全面建成小康社会 夺取新时代中国特色社会主义伟大胜利——在中国共产党第十九次全国代表大会上的报告》（2017年10月18日），《人民日报》2017年10月28日第1版。

始终深深植根于中华优秀传统文化沃土之中的。中华优秀传统文化的丰富哲学思想、人文精神、教化思想、道德理念等，可以为人们认识和改造世界提供有益启迪，可以为治国理政提供有益启示，也可以为道德建设提供有益启发，不论过去还是现在，都有其永不褪色的价值。只有坚持从历史走向未来，从延续民族文化血脉中开拓前进，我们才能做好今天的事业。①

树高千尺不忘根，水流万里总思源。《纲要》用“宝库”的意象描述中华文化，用“沃土”的意象比喻中华优秀传统文化，用“血脉”的意象形容民族文化，充分彰显其积极和正向的价值。

因此，今天我们在面对中华优秀传统文化时，就不能躲躲闪闪、犹犹豫豫、遮遮掩掩，而是应该理直气壮地打开宝库、扎根沃土、接续血脉。如何增强我们的理论和实践勇气？这就离不开“两个结合”特别是“第二个结合”的“最大法宝”作用。在庆祝中国共产党成立100周年的庄严时刻，习近平总书记正式提出“两个结合”重要论断，使得“第二个结合”实现了从“自发”到“自觉”的重要转变。

此外，还需要注意的是，对于“两个结合”，不能简单地认为原来的“一个结合”只是后来“两个结合”的一半，也不能认为原来的表述是错误的或不全面的。不同的提法，是基于不同的时代课题和问题意识。

在新民主主义革命时期，党主要是要解决革命道路的问题，所以主要提“第一个结合”，中国人民由此站起来了，解决了“挨打”的

①中共中央宣传部：《习近平文化思想学习纲要》，学习出版社、人民出版社2024年版，第47页。

问题。在社会主义革命和建设时期，党主要是要解决经济建设的问题，而“第一个结合”中的“第二次结合”适时把结合点从中国革命实际调整为中国建设实际。改革开放正是在“第二次结合”的过程中取得了伟大成就，中华民族实现了从站起来到富起来的伟大飞跃，解决了“挨饿”的问题。中国特色社会主义进入新时代，中华民族迎来了从站起来、富起来到强起来的伟大飞跃，而文化自信和自强的问题越发凸显。在这种情况下，提出“两个结合”特别是“第二个结合”具有重大意义，这让我们能够更加自觉地运用中华优秀传统文化的思想资源，建设社会主义文化强国，有效解决“挨骂”的问题。

五、“第二个结合”为什么高度彰显中华优秀传统文化的时代价值？

“第二个结合”是我们党对马克思主义中国化时代化历史经验的深刻总结，是对中华文明发展规律的深刻把握。它表明我们党对中国道路、理论、制度的认识达到了新高度，表明我们党的历史自信、文化自信达到了新高度，也表明我们党在传承中华优秀传统文化中推进文化创新的自觉性达到了新高度。

那么，“第二个结合”为什么将中华优秀传统文化的重要性提升到如此高度呢？

（一）杜勒斯的诅咒：精神瓦解策略与冷战暗影下的苏联悲剧

让我们心里带着这样的问题意识，先来读一篇演讲稿吧！

1945年，时任美国中央情报局局长艾伦·杜勒斯在国际关系委员会上发表了一篇名为《我们如何对付苏联》的演说，其中谈道：

> 战争将要结束，一切都会有办法弄妥，都会安排好。我们将倾其所有，拿出所有的黄金，全部物质力量，把（苏联的）[①]人们塑造成我们需要的样子，让他们听我们的。
>
> 人的脑子，人的意识，是会变的。只要把（他们的）脑子弄乱，我们就能不知不觉地改变他们的价值观念，并迫使他们相信一种经过偷换的价值观念。用什么办法来做？我们一定要在苏联内部找到同意我们思想意识的人，找到我们的同盟军。[②]

当时，二战尚未结束，美国和苏联原本是肩并肩、背靠背与德意日法西斯作战的盟友。但是，基于“零和博弈”的思维，杜勒斯等美国高层已经在操心如何对付盟友了。因为形势已经非常明显：德意日法西斯的失败已成定局，二战之后在世界舞台上唱主角的，就是美国和苏联。接下来，美国应该如何对付苏联呢？此时搞“热战”无疑是高风险，因为美国已经研制出原子弹，而苏联研制出原子弹也是大概

①作者根据文意增补，后同。

②［俄］雷日科夫：《大国悲剧：苏联解体的前因后果》，许昌翰等译，新华出版社2008年版，第1页。

率（后来在1949年研制成功）。如果你给我扔一颗，我再给你扔一颗，结果将会是双双毁灭。这个代价无论是谁都是难以承受的！于是，相互的“核威慑”让大国之间形成一种“恐怖平衡”。

搞“热战”风险太大，美国高层把目光投向“冷战”。既然从肉体上打击对手变得风险极大，那索性从精神上瓦解对手！这就是杜勒斯所说的“改变他们的价值观念，并迫使他们相信一种经过偷换的价值观念”。不过，如果美国人自己下场去做这种事情，不仅吃相难看，而且可信度不高。因此，杜勒斯试图在苏联内部找到美国人的同盟军。他接着说：

> 一场就其规模而言无与伦比的悲剧——一个最不屈的民族遭到毁灭的悲剧——将会一幕接一幕地上演，他们的自我意识将无可挽回地走向消亡。比方说，我们将从文学和艺术中逐渐抹去他们的社会存在，我们将训练那些艺术家，打消他们想表现或者研究那些发生在人民群众深层的过程的兴趣。文学，戏剧，电影——一切都将表现和歌颂人类最卑劣的情感。我们将使用一切办法去支持和抬举一批所谓的艺术家，让他们往苏联人的意识中灌输性崇拜、暴力崇拜、暴虐狂崇拜、背叛行为崇拜，总之是对一切不道德行为的崇拜。①

读罢这些文字，其用心之险恶、思虑之深远，不禁令人倒吸一口凉气！杜勒斯心里清楚，从肉体上打击对手不需要太长时间，但从精

① [俄] 雷日科夫：《大国悲剧：苏联解体的前因后果》，徐昌翰等译，新华出版社2008年版，第1—2页。

神上瓦解对手，绝非一朝一夕之功。于是，他在演讲中提道：“我们将以这种方法一代接一代地动摇和破坏列宁主义的狂热。我们要从青少年抓起，要把主要的赌注押在青年身上，要让他们的精神道德变质、发霉、腐烂。我们要把他们变成无耻之徒、庸人和世界主义者。”[①]

1991年12月25日，曾经的超级大国苏联宣布解体。在莫斯科飘荡了整整69年的苏维埃国旗，降下去之后便再也没能升起来。

杜勒斯的演讲，收录在《大国悲剧：苏联解体的前因后果》一书中。该书作者尼古拉·伊万诺维奇·雷日科夫曾任苏联部长会议主席，相当于3号人物，在苏联众皆酸腐中可谓难得的“人间清醒”，但在政治斗争中失利后被排挤，难以扶大厦之将倾。这本书是他对苏联解体痛定思痛的反思。该书还写道：

> 出现了党和国家的首脑向“西方价值”的转变。……我们祖国的伟大文化，受到了不值一文的西方水货的排挤，文化变得只知道迎合把赚钱作为最高理想的人们的低俗口味，等等。……而这一切却美其名曰向“世界文明”的回归。[②]

当然，苏联解体的原因非常复杂，来自美西方的文化渗透只能算是“外因”。但是，这一“外因”通过“内因”确实发挥了重要作用。文化对于凝聚共同体的重要意义，由此可见一斑。

---

① ［俄］雷日科夫：《大国悲剧：苏联解体的前因后果》，许昌翰等译，新华出版社2008年版，第2—3页。

② ［俄］雷日科夫：《大国悲剧：苏联解体的前因后果》，许昌翰等译，新华出版社2008年版，第18—19页。

（二）转向东方的“无烟之战”：美国文化渗透的重心转移与中国面临的软侵略

苏联解体后，美西方渗透的重心转向了哪里呢？答案不言而喻。

关于美国，社会上一度流传着“三片打天下”的说法：大片、芯片和薯片。这当中，芯片所代表的高科技被他们用来对中国“卡脖子”，薯片所代表的快餐文化冲击着各地的本土餐饮，那么大片带来的影响是什么呢？

美国好莱坞大片有一种经典叙事：当毁灭性灾难降临，总有一个满身腱子肉、正义感爆棚的美国英雄，各种“buff”叠满，临危决断、飞檐走壁、上天入地，历经各种艰难险阻后转败为胜，最终救人类于水火之中。那些一波三折的情节，那些声光电的极致体验，让人们多巴胺爆棚。于是，不论是蜘蛛侠、蝙蝠侠、钢铁侠，还是雷神、绿巨人、蚁人、惊奇队长，都一度成为世人崇拜的美国英雄形象。

不就看个大片、图个刺激，有什么问题吗？还真有。

其一，通过一个个具象化的人物形象，美国在全世界成功塑造了高大上的国家形象，让全世界知道美国战无不胜、美国不好惹、离开美国全世界都玩不转。于是，很多人患上“恐美症”，动不动就要下跪，对美国现实中的各种问题“选择性失明”，把美国当作高高在上的“灯塔国”，甚至甘愿成为“精神美国人”。

其二，在真实的世界中，从来都是众人齐心协力才能战胜灾难。然而，大片通过“主角光环”扭曲事实，将功劳归于英雄个体。之所以如此虚构，是为了强化个人英雄主义的叙事，进而向世人输出西式个人主义的价值观。然而，中华民族的价值观向来注重集体主义，这种个人主义的价值观一度给我们带来不小的冲击。

长期以来，美国好莱坞大片票房收入在全球电影市场中占据大头，巅峰时期据说超过八成。特别是在中国，动辄几亿、十几亿甚至几十亿的票房，赚得盆满钵满。

有人说，世界上有两件事是最难办的，一是把自己的思想装进别人的脑袋，二是把别人的钱装进自己的口袋。然而，美国却通过好莱坞大片，让这两件难事合二为一，形成闭环：既把钱赚走了，又把价值观留下来了。

不过，好莱坞大片还只是西方文化渗透的“冰山一角”而已。

近几十年里，美国和其他一些西方国家仗着自己经济实力强，利用互联网、媒体和各种信息技术，向中国以及其他第三世界和社会主义国家传播他们的价值观、意识形态和社会制度。它们觉得自己在价值观上占据了制高点，总是摆出一副“救世主”的姿态，试图向其他国家推销自己的所谓“普世价值”。冠冕堂皇的说辞背后，不过是维护霸权地位的私心而已。

面对社会主义中国，美西方的敌对势力一直采用“和平演变”的战略，而文化渗透是他们的重要手段。美国花费大量力气用于心理战，试图对中国发动没有硝烟的战争。特别是看到中国近年来经济快速增长、综合国力不断提升，以美国为首的一些西方国家基于他们那种“零和博弈”的思维方式，觉得压力巨大，于是就更加着急地向中国输入历史虚无主义、文化虚无主义、新自由主义、极端民族主义、后现代主义等思潮，试图扰乱中国人的价值观，削弱中华民族的凝聚力，破坏中国的文化安全。

（三）破“虚无”妖风，筑思想长城：“两祖”携手的文化自信守卫战

在这一大堆各式各样的“主义”中，历史虚无主义和文化虚无主义尤其值得我们警惕。

历史虚无主义想要“虚”掉我们既有的历史叙述。怎么操作呢？通常是打着“反思历史”“还原历史”的旗号，利用公众的猎奇心理，用虚构的、假设的、想象的事情，来代替真正发生过的历史，试图颠倒黑白，混淆是非；或者故意放大某些历史片段，放大历史人物的某个侧面，试图以偏概全；甚至通过“恶搞”的方式，在看似无关痛痒的戏谑过程中解构历史英雄人物。于是，一些古圣先贤的形象被恶意丑化，不少革命英雄的事迹被大肆抹黑。

文化虚无主义则更进一步，要“虚”掉我们这个民族数千年来传承的价值体系。当年，一些人公然宣称，中华文明是黄土地的大陆文明，只有融入蔚蓝色的海洋文明才有出路。某些所谓的“公知”“美分”“精日”挖空心思制造各种话题，全盘否定中国传统文化，认为中华文明是“劣等文明”，大肆鼓吹“殖民史是文明输入史和文明扩展史”。他们自诩代表人类共同进步的潮流，把西方的地域性价值吹捧为“普世价值”，而对中华文明数千年来形成的价值观念，统统贴上“封建”“专制”的标签，试图将其扫进垃圾堆。

“灭人之国，必先去其史。”（《定庵续集》）这两个所谓的“主义”，一个妄图从事实层面否定中国的历史事实，特别是近代以来的革命史；一个妄图从价值层面否定中国的思想观念，特别是传承数千年的文化传统。如果历史事实被否定，我们就会背祖忘宗，不知来

处；如果价值观念被破坏，我们就会失魂落魄，无所依归。追根究底，这两个“主义”是要否定中华民族的文明和历史，进而否定中国共产党的领导，否定社会主义制度。

当年，在一些文摘杂志上，或者网络论坛上，包藏着这两个“主义”的故事、段子大行其道。笔者给这两个“主义”起过一个“外号”，叫作“一双小妖怪”。为什么？因为它们曾经在舆论场搅动得妖风四起，给公众的思想认识造成不小的混乱，至今余波未息。

然而，必须承认，“妖怪”通常都是长得特别漂亮的，或者有两把刷子的。此话怎讲？为什么这两个“主义”当年一度拥趸甚众？因为它不是干讲大道理，而是把道理藏在叙事之中，而那些故事讲得可谓一唱三叹、一波三折、曲折有致、引人入胜！这确实值得我们反思：过时的是马克思主义本身吗？不是。但是我们传播马克思主义的方式是否曾经有过时的地方？落后的是我们的传统文化吗？不是。但是我们讲述传统文化的方式是否有落后的地方？

如果回答是肯定的，那么问题要怎么解决？历史上有所谓“入室操戈”的说法：面对对手，到他家里去，拿起他的武器击败他！换句话说，我们必须改变那种相对陈旧的宣传模式，用更加能够引发人们共情的叙事方式，去传播好马克思主义的基本原理，去讲述好中华优秀传统文化。

不过，这还只是在“术”的层面的改进。在“道”的层面呢？

笔者曾作过一副对联：“请出两位老祖宗；对付一双小妖怪。”这两位老祖宗，就是孔夫子和马克思。不过，有人认为老祖宗过时、落后，怎么办？笔者在上联加上“躬身”二字，强调要有虔敬之心。还有人认为两位老祖宗之间好像有冲突，怎么办？笔者在下联加上“携手”二字，希望人们打破心结，寻求二者的契合之处。于是，这副对联被调整为：

躬身请出两位老祖宗；

携手对付一双小妖怪。

这副对联并非笔者臆想出来的，而是受到习近平总书记一段重要论述的启发而创作出来的。

2014年9月24日，纪念孔子诞辰2565周年国际学术研讨会暨国际儒学联合会第五届会员大会开幕式在人民大会堂举行，习近平总书记出席并发表重要讲话。这是中国国家领导人首次出席有关孔子的国际研讨会。习近平总书记在讲话中指出：

中国共产党人是马克思主义者，坚持马克思主义的科学学说，坚持和发展中国特色社会主义，但中国共产党人不是历史虚无主义者，也不是文化虚无主义者。……在带领中国人民进行革命、建设、改革的长期历史实践中，中国共产党人始终是中国优秀传统文化的忠实继承者和弘扬者，从孔夫子到孙中山，我们都注意汲取其中积极的养分。[①]

在这里，习近平总书记强调中国共产党人是马克思主义者，也是中国优秀传统文化的忠实继承者和弘扬者；不是历史虚无主义者，也

①习近平：《在纪念孔子诞辰2565周年国际学术研讨会暨国际儒学联合会第五届会员大会开幕会上的讲话》(2014年9月24日)，《人民日报》2014年9月25日第2版。

不是文化虚无主义者。到底该坚持什么、反对什么，可谓一目了然。

必须说明的是，所谓“孔夫子”并非指狭义的儒家，而是象征着整个中华优秀传统文化。因为在某种意义上，如果非要用一个人格化的符号来代表中华优秀传统文化的话，孔夫子无疑是首选。

那么，由中华优秀传统文化凝聚而成的中华文明，又该如何从整体层面去把握呢?

这正是下一章的主题。

第二章

“最大法宝”的文明底蕴

“两个结合”不仅是推进党的理论创新的根本途径，也是开辟和发展中国特色社会主义的必由之路。中国特色社会主义道路是在马克思主义指导下走出来的，也是从五千多年中华文明史中走出来的。

讲到“两个结合”，为什么要考察其文明基底？《纲要》中的一段话具体解释了其中的逻辑线索：

> “两个结合”不仅是推进党的理论创新的根本途径，也是开辟和发展中国特色社会主义的必由之路。中国特色社会主义道路是在马克思主义指导下走出来的，也是从五千多年中华文明史中走出来的。习近平总书记强调：“如果没有中华五千年文明，哪里有什么中国特色？如果不是中国特色，哪有我们今天这么成功的中国特色社会主义道路？”中国特色社会主义之所以不一样，之所以生机勃勃、充满活力，关键就在于中国特色，中国特色的关键就在于“两个结合”。“两个结合”特别是“第二个结合”，让中国特色社会主义道路有了更加宏阔深远的历史纵深，拓展了中国特色社会主义道路的文化根基。①

在这里，“两个结合”的意义，可以从两个层面来考察：在理论层面，它是推进党的理论创新的根本途径；在实践层面，它是开辟和发展中国特色社会主义的必由之路。那么，如何理解中国特色社会主义道路的渊源呢？这又可以从两个层面来理解：第一，它是在马克思主义指导下走出来的；第二，它也是从五千多年的中华文明史中走出

①中共中央宣传部：《习近平文化思想学习纲要》，学习出版社、人民出版社2024年版，第29—30页。

来的。之所以在“社会主义”前面加上“中国特色”，并不只是因为社会主义“在中国”，而是因为通过“两个结合”特别是“第二个结合”，这种社会主义获得了更久远的历史纵深、更深厚的文化根基，进而更加具有生机和活力。《纲要》接着指出：“只有立足波澜壮阔的中华五千多年文明史，才能真正理解中国道路的历史必然、文化内涵与独特优势。”①

因此，五千多年的中华文明，构成我们理解“两个结合”这个“最大法宝”的深厚底蕴。那么，中华文明究竟是一种怎样的文明呢？在2023年6月2日召开的文化传承发展座谈会上，习近平总书记指出，中华优秀传统文化有很多重要元素②，共同塑造出中华文明突出的连续性、创新性、统一性、包容性、和平性。在某种意义上，这是习近平总书记第一次对中华文明进行“精准画像”。

一、连续性：如何理解中华文明是世界上唯一绵延不断且以国家形态发展至今的伟大文明？

2017年11月，时任美国总统特朗普到中国访问。习近平主席陪

①中共中央宣传部：《习近平文化思想学习纲要》，学习出版社、人民出版社2024年版，第30页。

②习近平总书记重点列举了十个重要元素：一是天下为公、天下大同的社会理想，二是民为邦本、为政以德的治理思想，三是九州共贯、多元一体的大一统传统，四是修齐治平、兴亡有责的家国情怀，五是厚德载物、明德弘道的精神追求，六是富民厚生、义利兼顾的经济伦理，七是天人合一、万物并育的生态理念，八是实事求是、知行合一的哲学思想，九是执两用中、守中致和的思维方法，十是讲信修睦、亲仁善邻的交往之道。这些重要元素，涵盖中华民族的社会理想、哲学思想、思维方法以及天下情怀，也指向经济建设、政治建设、文化建设、社会建设和生态文明建设“五位一体”总体布局背后的文明意蕴。

同他参观故宫时，特朗普谈道，最古老的文化是埃及文化，有八千年历史。习近平说道，埃及是更古老一些，但是文化没有断过流的，始终传承下来的只有中国。[①]生动的对话背后，涉及有关中华文明连续性的讨论。

如何认识中华文明突出的连续性？我们不妨先从两个方面来阐释："源远"和"流长"。

（一）中华文明的"源远"：探源工程实证五千年文明史

一般认为，人类主要有四大原生文明，分别是中华文明、古西亚文明、古埃及文明和中美洲文明。古西亚文明和古埃及文明通常被认为起源于六七千年前，中华文明的起源时间通常被认为是距今五千多年，中美洲文明则要到距今三千多年才开始形成。不过，古西亚文明在两千多年前已经基本消亡，其楔形文字不再被使用；古埃及文明勉强延续到7世纪，被阿拉伯人征服后消亡，从此成为"失落的文明"；中美洲文明则在16世纪后被西方殖民者摧毁。相比之下，中华文明的"源头"虽然并不是最早的，但在世界文明大观园中堪称"源远流长"的典范。

我们通常说中华文明五千多年，其依据是什么呢？

在西方主导的国际学术界，判断进入文明社会的标志是所谓"三要素"：冶金术、文字和城市。如果简单移植这套源自欧亚大陆西侧的文明认定模式，则早于殷墟的考古遗迹都被排除在文明历史之外，

①陈民镇：《中国文明是否是唯一未曾中断的文明》，《中华读书报》2017年11月15日第13版。

连夏朝的存在都成为问题，中国被压缩成只有不到4000年的文明历史。

为了实证中华文明的悠久历史，我国先后启动“夏商周断代工程”和“中华文明探源工程”。前者是要解决夏、商、周三个历史时期的年代问题，后者则是要探究中华文明的起源、形成与发展。

近年来，“我们运用生物学、分子生物学、化学、地学、物理学等前沿学科的最新技术分析我国古代遗存，使中华文明探源有了坚实的科技分析依据，拓展了我们对中国五千多年文明史的认知”[①]。基于中华大地多处遗址的发掘成果，我国考古学得以突破西方“三要素”的限制，提出判断进入文明社会标准的中国方案：生产发展，人口增加，出现城市；社会分工和社会分化不断加剧，出现阶级；权力不断强化，出现王权和国家。[②]这一标准着眼的是人类组织形态的演进，比单纯依赖具体器物制定标准显然更加合理。

2020年，“中华文明探源工程”第五阶段启动。在该阶段研究开展的3年多时间里，团队扩大了研究的时间和空间范围，在黄河中下游、长江中下游和西辽河流域等核心区的29处核心遗址取得了突破性成果。2023年12月9日，“中华文明探源工程”项目组发布最新研究成果。[③]

根据这一最新研究成果，从距今约5800年起，中华大地各区域相继出现较为明显的社会分化，进入了文明起源的加速阶段，可将从

---

①习近平：《把中国文明历史研究引向深入　增强历史自觉坚定文化自信》（2022年5月27日），《求是》2022年第14期。

②《中华文明探源工程首席专家王巍：长江中游史前文化实证我国五千年文明史》，https：//baijiahao.baidu.com/s? id=1759253662955839785&wfr=spider&for=pc，2023年3月2日。

③《知所从来　思所将往　方明所去——中华文明探源工程最新进展成果公布》，https：//hct.henan.gov.cn/2023/12-11/2863553.html，2023年12月11日。

距今5800年至距今3500年的长时段划分为古国时代和王朝时代两个阶段。其中，古国时代可进一步细分为三个阶段：第一阶段约为距今5800年至5200年；第二阶段约为距今5200年至4300年；第三阶段约为距今4300年至3800年。距今约3800年以后进入王朝时代。

关键处来了！古国时代的第二阶段，西辽河流域的红山文化开始衰落，而黄河中下游地区和长江中下游地区的文明走上了不同的发展道路。焦家、双槐树、石家河、良渚遗址均属这一时期。长江下游太湖东南地区的良渚文化、长江中游江汉平原和澧阳平原的屈家岭—石家河文化区，无论是聚落等级的分化还是公共资源、人力的调配，复杂程度较前一阶段已有质的变化，率先发展出了国家形态，中华文明正式诞生。

这当中，良渚文化尤为突出。考古研究表明，良渚文化的农业已率先进入犁耕稻作时代，为文明的诞生提供了物质基础。良渚古城呈三重结构，由内而外为宫殿区、内城与外郭城，总面积约8平方公里。城墙以堆筑法建造，底部铺垫石块增强稳定性。内城发现9座城门，其中8座为水城门，连通内外河道，形成“水陆并行”的交通网络。河道或为人工开凿，或为改造自然河道，构建了复杂的环城水系。其外围水利系统由11条堤坝组成，分为高坝区（6条谷口高坝）与低坝区（4条平原低坝及山前长堤），蓄水量超过4600万立方米，相当于3个西湖的蓄水量。如此规模庞大的城池和水利工程，远远超过一个小村庄、小部落甚至简单部落联盟的动员能力，而是需要高度的社会组织能力和大量的人财物力投入，这印证了良渚社会已经具备了国家形态的特征。贵族大墓与平民小墓的分野，显示出社会分化的加剧。而良渚文化高度发达的玉器手工业，也绝非审美驱动，而是出于“以玉事神”的宗教体系的需要，最终是为了实现复杂化社会的精神凝聚。

讲到良渚，有必要提及一件往事。21世纪初，在经济发展的大潮下，良渚遗址保护面临严峻挑战：遗址北侧湖州德清县的6家石矿因出产优质安山岩而被持续开采，导致开山炸石频繁，遗址生态环境遭受粉尘污染、爆破震动等系统性破坏。当地居民戏称“家中桌椅半天不擦即可写字作画”，考古学家痛心疾首地批评这一地区“炮声隆隆如战场”。但是，当时在很多人看来，历史文化遗产短期内很难产生经济效益，保护起来倒是要花不少钱！

2003年7月，时任浙江省委书记习近平赴良渚调研。了解到这一情况后，他当即明确指出“良渚遗址是实证中华五千年文明史的圣地”[①]这一历史定位，次日即赴湖州现场协调，突破行政区划壁垒，统筹推进石矿关停工作。至2003年底，相关石矿全部完成关停，开创了跨区域协同保护文化遗产的先例。2005年，良渚博物院建设顺利启动。到2019年，良渚古城遗址被成功列入《世界遗产名录》。由此，国际学界认定中华文明的产生时间向前推进了1000多年。从原本认为的“距今约3500年的殷商文明”延伸至“距今约5000年的良渚文明”。

（二）中华文明的“流长”：从未中断的文明谱系

讲完“源远”，再说“流长”。中华文明的“流”到底有多长呢？它一直“流”到了现在，而且是在同一片土地上从未中断地延续

① 《习近平的文化情怀》，《人民日报》2022年5月12日第1版。

至今。

在某种意义上，“文明”因“文”而名，文字是文明的基础载体。在中华文明中，从古老的甲骨文演变到现代的简体字，汉字始终保留着“形意相生”的独特属性。从商周时期青铜器上的铭文，到秦汉简牍中刻写的律令，再到唐宋诗词的墨迹，尽管在三千年的历史长河中，汉字的笔画逐渐简化，但其所蕴含的文化密码始终一脉相承。当古埃及的象形文字早已成为博物馆中的展品时，汉字却依然活跃在14亿中国人的笔尖之上，不仅有惊无险地无缝衔接到电脑时代，更以其音形意统一、构词能力强的独特优势，在人工智能时代有助于极大节省算力。同时，每一个汉字都如同一个文化基因的储存器，“孝、悌、忠、信”等传统美德正是通过这些文字代代相传，至今仍在滋养着现代社会的价值体系。

连续的不光是汉字，还有用汉字记录下来的中华文明的历史。蔚为大观的“二十四史”，正是中华文明连续性的有力见证。

二十四史的第一部是《史记》。《史记》的第一篇是《五帝本纪》。司马迁应该知道伏羲、女娲等传说，但这些在当时已经不可考。作为一个史学家，他必须保证足够的可信度。于是，他选择以黄帝开篇，而黄帝距今也已经有4400年的历史了。换句话说，我们倚重考古学来提供解释的时间阶段，大概也就截止到古国时代的第二阶段。此后4400多年间，我们的历史记载和考古发现，可以更系统地相互印证！并且，从公元前841年（西周共和元年）开始，中国拥有确切的不间断纪年。《史记》《竹书纪年》等典籍构建了连贯的纪年体系，后世史书（如“二十四史”）均以此为基础编纂，形成“年经事纬”的记录传统。

能拥有如此长时段的历史记录，在世界文明百花园中也是极为罕见的。尽管因为战乱、洪水、火灾等不可控因素，不少文献记录遭到损毁，但是以“二十四史”为主干的历史记录，总体上仍然延续下来。这当中最大的挑战，其实是改朝换代。通常情况下，后一个朝代会依据前朝留下来的历史档案和文献记录，为前朝编修历史。然而，前面的朝代通常是被后一个朝代灭掉的。也就是说，二者在现实政治中通常是敌对关系。但奇怪的是，后一个朝代把前朝灭了，还得为其编修历史。这个“反常识”的事实背后，必然有一种更强大的信念，支撑后一个朝代这样做。诚然，这当中存在“功利”的成分，就是要从前朝兴亡的历史中汲取经验教训。但是，这背后还有一种更加深沉的历史意识：每一个朝代的人都清楚，尽管自己与前朝在现实政治立场中通常是敌对关系，但是彼此仍然属于同一个文明传统，自己与前朝在更高层面上实则形成一种接续关系；如果让前朝的历史在自己手上断掉，自己就是历史的罪人，是没有办法给老祖宗交代的！

这种历史意识不仅能够超越现实政治利益的对立，甚至还能超越族群的差异。例如，元朝是蒙古人主导的，但同样给汉人主导的宋朝修《宋史》，还为契丹人主导的辽朝修《辽史》，为女真人主导的金朝修《金史》。元朝被汉人主导的明朝取代后，明朝同样编修了《元史》。满人主导的清朝把明朝灭了，照样编修了《明史》。到今天，《清史》的编纂仍在进行之中。

正是因为超越了现实政治立场的对立与族群的差异，一代又一代的历史才得以通过“接力”的方式保留下来，从而使中华民族拥有从未中断的共同历史记忆，进而成为中华文明突出的连续性的有力支撑！

总的来看，现代中国人说的还是和五千年前相近的语言，写的还是四千年前已有的中国文字，姓的还是四五千年前已形成的姓氏，读的还是数千年来积累的历史典籍。这些接续、相通之处如同一座桥梁，使古今文化得以联系在一起，形成一个未曾间断的文明谱系。

（三）连续性的文明密码：家国情怀与历史意识的深层支撑

如何认识这种连续性的重要意义？在文化传承发展座谈会上，习近平总书记的相关论述给我们提供了重要指引，我们不妨逐句阐释。

习近平总书记指出：“中华文明是世界上唯一绵延不断且以国家形态发展至今的伟大文明。”[①]这是对中华文明连续性更为精准的说明。在世界上，有的文明也能连续数千年，但在其原发地已经烟消云散。而中华文明一直在中华大地上茁壮成长，且政治实体传承有序。在这个意义上，有学者把中华文明解读为“伪装成国家的文明”，或者把中国视为“文明型国家”。

中华文明突出的连续性，当然有助于增强中华民族的文化自信，但并不意味着我们可以躺在祖先的功劳簿上自高自大，而是要从中汲取不断前行的精神动能。习近平总书记接着指出：“这充分证明了中华文明具有自我发展、回应挑战、开创新局的文化主体性与旺盛生命力。”[②]只有坚守这种文化主体性，只有保持这种旺盛生命力，我们才能担负起把中华文明继续推向前进的重任。

---

①习近平：《在文化传承发展座谈会上的讲话》（2023年6月2日），《求是》2023年第17期。

②习近平：《在文化传承发展座谈会上的讲话》（2023年6月2日），《求是》2023年第17期。

那么，这种连续性是如何形成的呢？习近平总书记指出：“深厚的家国情怀与深沉的历史意识，为中华民族打下了维护大一统的人心根基，成为中华民族历经千难万险而不断复兴的精神支撑。”[①]如果没有大一统，文明容易离散，连续性便无从谈起。那么，如何维护大一统呢？这当中当然离不开复杂的制度建构，但说到底靠的还是人心根基。“深沉的历史意识”已如上文所述，此处不再重复。那么，怎样理解这里提到的“深厚的家国情怀”呢？笔者曾在《天下归心——“大一统”国家的历史脉络》一书中写道：

> “我们都有一个家，名字叫中国。兄弟姐妹都很多，景色也不错。”“我们的大中国，好大的一个家。”“遥远的东方有一条江，它的名字就叫长江。遥远的东方有一条河，它的名字就叫黄河。”“古老的东方有一条龙，它的名字就叫中国。古老的东方有一群人，他们全都是龙的传人。”……不用讲太多理论，只要听到这些歌曲，每个中国人内心都会升腾起对于祖国与家园的那种几乎发自本能的热爱与眷恋。是的，这就是中国人的家国情怀，它深植于几千年的“大一统”传统之中。有了这种情怀，当国家分裂时，无数中华优秀儿女会“但悲不见九州同”，纷纷抛头颅、洒热血，让国家重归统一；当国家危难时，无数中华优秀儿女会“捐躯赴国难，视死忽如归”，让国家走出危局；当国家统一时，无数中华优秀儿女会“夙兴夜寐”“废寝忘食”，投身建设事业，让国家更加富强。[②]

---

①习近平：《在文化传承发展座谈会上的讲话》（2023年6月2日），《求是》2023年第17期。

②李勇刚：《天下归心——“大一统”国家的历史脉络》，人民出版社2021年版，第4—5页。

正是靠着一以贯之的家国情怀和历史意识，中华民族才得以历经千难万险而不断复兴。在《中国韧性——一个超大规模文明型国家的历史足迹》一书中，在梳理完中国这个超大规模文明型国家一路走来的艰辛历史足迹后，笔者曾颇有感触地说：

> 五千年的风和雨，背后是多少挑战！一山过后一山拦，路上有多少艰辛！每当这个文明面临挑战和危机，总有一些先行者，率先敏锐地感知到文明共同体的呼救，于是向人群大声喊道：“来，咱们一起！”而且，正如中国国歌所唱的那样：“中华民族到了最危险的时候，每个人被迫着发出最后的吼声。”于是，先觉者引领后觉者，万众一心向前进。
>
> 中华文明能够“活”下来，靠的哪里是幸运和偶然，而是不断应对挑战、寻找解决方案的集体意志、决心和能力，是一种无与伦比的“中国韧性”。①

最后，这种连续性对于当代中国有着怎样的意义呢？习近平总书记指出：“中华文明的连续性，从根本上决定了中华民族必然走自己的路。如果不从源远流长的历史连续性来认识中国，就不可能理解古代中国，也不可能理解现代中国，更不可能理解未来中国。”②

是的，中华民族不是历史短暂的民族，更不是缺乏历史的民族。

---

①李勇刚：《中国韧性——一个超大规模文明型国家的历史足迹》，新世界出版社2021年版，第173页。

②习近平：《在文化传承发展座谈会上的讲话》（2023年6月2日），《求是》2023年第17期。

几千年来，中华民族都坚定从容地走着自己的路。因此，我们不能跟在其他文明后面亦步亦趋，更不能接受“教师爷”般颐指气使的说教。中华文明突出的连续性，为我们今天的道路自信提供了深厚的文化底蕴。

浸润在连续性文明的教化之中，中国人在作出一个重大决定时，通常都不只是考虑当下这代人的利益，还会考虑两个重要维度：“上”要不辜负列祖列宗，“下”要对得起子孙万代。当下这代人只有把自己的存在融入近乎无限的代际谱系中，才能获得生命的超越。因此，由如此思考的中国人所组成的“中国”，也并不仅仅是当下十多亿人组成的现实的共同体，而是一个绵延数千年的历史文化的共同体。古代中国、现代中国和未来中国一以贯之、血脉相通。只有充分理解中国的过去，才能更好地理解现在，把握未来。

二、创新性：如何理解中华文明绝非停滞、僵化，而是革故鼎新、辉光日新的文明？

在大多数人的印象中，一提到中华文明，往往会觉得它在生产方式上长期以农耕为主，小农经济必然保守；在政治制度上又是封建专制，近代还搞过闭关锁国，更是阻碍创新；思想文化上儒家占主导，成天讨论些道德、性命之类虚无缥缈的话题，儒家理想的时代是“三代”，简直太复古。而且事实似乎也很清楚：近现代的科学技术大多是在西方产生并发展的，中国只有被动学习的份儿。于是，长期以来，人们对中华文明的总体印象大概是封建、保守、落后，认为创新是西方文明的专利。

是的，单讲连续性是有风险的，如果文明没有活力，缺乏创新，再“高寿”也乏善可陈。习近平总书记在讲完中华文明的连续性之后，紧接着强调其创新性，可谓高屋建瓴，令人醍醐灌顶！那么，如何理解中华文明具有突出的创新性呢？要回答这个问题，首先需要“正本清源”一番：上面那些标签化的负面印象真的是对的吗？这些印象是怎么跑到我们脑子中的？

（一）“中国历史停滞论”的渊源与政治企图

要回答这些标签化的负面印象到底从何而来，不妨一起去看看几百年前西方兴起的一种论调。

著名的英国古典经济学家亚当·斯密在《国富论》中说：“中国，一向是世界上最富的国家。其土地最沃，其耕作最优，其人民最繁多，且最勤勉。然而，许久以前，它就停滞于静止状态了。”①

这个说法至少肯定中国还有些长处，而美国文学家爱默生的说法则让人有些心理不适：“中华帝国所享有的声誉正是腐朽的木乃伊的声誉，它把世界上最为丑恶的形象一成不变地保存了长达几千年……甚至悲惨的非洲都可以说它曾经伐木、引水，推动了其他国家的文化发展。但是中国，她那令人敬仰的单调！她那古老的愚昧！在全世界各国云集的大会议上，她只能重复地说‘我生产了茶叶’。”②

① ［英］亚当·斯密：《国民财富的性质和原因的研究》上册，商务印书馆1972年版，第65页。

② ［美］柯文：《在中国发现历史——中国中心观在美国的兴起》，中华书局1989年版，第46—47页。

这样的说法在西方世界比比皆是，其中影响最大的当属德国著名哲学家黑格尔所说：“中国历史从本质上看是没有历史的，它只是君主覆灭的一再重复而已，任何进步都不可能从中产生。几千年的中国，其实是一个大赌场，恶棍们轮流坐庄，混蛋们换班执政，炮灰们总是做祭品，这才是中国历史的本来面目。事实上，中国任何一次革命都没能使这个历史改变。”①

这种充满“傲慢与偏见”的论调，叫作“中国历史停滞论”，曾经在国际学界大行其道。它带来的影响，不只是在思想上打击我们的自信心，更有政治上的企图和影响。

20世纪30年代，日本学者秋泽修二鼓吹“中国社会亚细亚的停滞性”，宣扬中国社会的根本性格是停滞的、循环的、倒退的，要推动中国历史发展，必须打破循环；中国自身没有这种能力，那怎么办？只有依靠外力才能实现。谁能担当这个外力？日本。这是妥妥地要为日本侵略中国提供合法性依据！

二战之后，西方学术界在关于中国的研究中，兴起过所谓“西方冲击—中国回应”“传统—近代”的研究模式，流行过“传统平衡”理论、“高水平均衡陷阱”理论、“过密型增长”理论，说一千道一万，都是在用精美的学术话语宣称，中国逃不出停滞的“圈套”，于是只能等待西方的拯救，才能从传统社会跨入现代社会。

“中国历史停滞论”的问题出在哪里？根子在于“西方中心论”。他们用西方现代化的发展逻辑作为评判的标准，于是西方文明自然成为最先进的，而凡是与西方不一样的事物，全部被归类到传统的序列

① ［德］黑格尔：《法哲学原理：或自然法和国家学纲要》，范扬、张企泰译，商务印书馆1961年版，绪论。

中。中国历史上那些巨大的变化，因为没有按照西方的路径发展，就被解释成“传统范围的变化”，进而就等于没有变化。这是典型的“有色眼镜”！别人戴着有色眼镜瞅咱们，咱们还有不少人戴上这副眼镜瞅自个儿，跟在别人后面数落自家祖宗，还觉得挺时髦，真是可悲！

（二）破“停滞论”：中华文明的创新实践与科技成就

戴着西方舶来的有色眼镜，就看不到中华文明的静水深流，以为她只是一潭死水；就看不到中华文明的波澜壮阔，以为她最多有死水微澜。这种所谓“学术”背后的政治企图，不能不令我们警惕，我们也必须用学术的方式予以回应。

习近平总书记强调：“中华文明是革故鼎新、辉光日新的文明，静水深流与波澜壮阔交织。”[①]是的，早在《周易》中，古人就通过“革”卦和“鼎”卦总结出革故鼎新的道理（我们今天熟悉的“革命”一词，也是从这里来的），正是这种精神让中华文明不断焕发出新的光辉！而在静水深流与波澜壮阔交织的过程中，中华文明实现了连续性与创新性的有机交融！

在这个基础上，习近平总书记正告世界：“连续不是停滞，更不是僵化，而是以创新为支撑的历史进步过程。”[②]我们千万不要对这句话等闲视之。面对曾经甚嚣尘上、如今仍未熄灭的“中国历史停滞论”，这句话具有振聋发聩、以正视听的巨大意义。这句看似朴实的

①习近平：《在文化传承发展座谈会上的讲话》（2023年6月2日），《求是》2023年第17期。

②习近平：《在文化传承发展座谈会上的讲话》（2023年6月2日），《求是》2023年第17期。

话语，背后蕴藏着深刻的问题意识和现实关切！

如何理解习近平总书记的这一重要论述？

我们首先从器物层面来看看中国古代的科技成就。因为很多人一提到科技，总认为那是西方的专利，中国人历来只有跟着学的份儿。但这个看法是严重不符合事实的。英国著名学者李约瑟主持完成的《中国科学技术史》（*Science and Civilisation in China*），是一部七大卷、将近30个分册，如果出齐将超过4500万字的鸿篇巨制！李约瑟的同事坦普尔主要利用这本书的材料，提炼出另一本书，名为《中国的创造精神——中国的100个世界第一》。李约瑟在给这本书的序言中说：

> 一个多么光彩夺目的宝库逐渐打开了！我的一些老一代汉学家朋友曾经认为，我们必定一无所获，但他们完全错了。中国文献清楚地向我们展示了一个又一个不平凡的发明和发现，考古证据或绘画实物证实中国的发明与发现比欧洲类似的或照搬采用的发明与发现一般往往领先很长一段时间。无论是二项式排列，还是旋转运动与直线运动相互转换的标准方法，或第一台时钟中的擒纵装置，或韧性铸铁犁铧，或地植物学与土壤学的开创，或皮肤和内脏的关系，或天花痘苗接种的发现——无论你探究哪一项，中国总是一个接一个地位居世界第一。①

关于中国古代科学技术的成果数量，坦普尔自己有一个估算：

---

①［英］R.K.G.坦普尔：《中国的创造精神——中国的100个世界第一》，陈养正等译，人民教育出版社2003年版，第5页。

> “现代世界”赖以建立的种种基本发明和发现，可能有一半以上源于中国……我们发现，我们周围许多被认为理所当然的事物的真正来源是中国。我们有些最伟大的成就，原来根本并不是成就，而只不过是借用。……认识到这些是很令人鼓舞的。我们对此极缺乏认识这一事实，或许是人类存在以来历史愚昧的最突出事例之一。为什么我们会无视如此重大而明显的真理呢？[①]

相比于欧洲，中国在古代“遥遥领先”的科技成就数不胜数，比如：铸铁技术，中国比欧洲早1700年；炼钢技术，中国比欧洲早1300年；十进制，中国比欧洲早2300年；航海必备的水密隔舱技术，中国比欧洲早1700年；预防天花的人痘接种法，中国比欧洲早800年，等等。据统计，从公元前3世纪到公元16世纪，中国科技曾经遥遥领先欧洲长达1800年之久；在人类历史上的300项基础性发明和发现中，中国人贡献了其中的175项，占总数的58%。[②]

（三）李约瑟之问的深层逻辑：从“大一统优势”到“契约精神转折”

看到这些具有充分论据的结论，很多人可能又开始沾沾自喜起来。且慢！恰恰是深入了解中华文明的李约瑟，提出了比“中国历史停滞论”更深刻的问题。他的原文比较绕，人们后来把这个问题概括

---

① ［英］R.K.G.坦普尔：《中国的创造精神——中国的100个世界第一》，陈养正等译，人民教育出版社2003年版，第9页。

②《世界自然科学大事年表》，上海人民出版社1975年版。

为：尽管中国古代对人类科技发展做出了很多重要贡献，但为什么科学和工业革命没有在近代中国发生？这个问题被称作“李约瑟之问”，或“李约瑟难题”。打个形象的比方，如果一个同学在小学、中学成绩一路遥遥领先，但上了大学却一落千丈，人们一定会非常纳闷，一定会问一连串的“为什么”。

“李约瑟之问”难倒过很多人，也打击过很多中国人的自信心。我们尝试提供一个解答的思路。

我们今天一提到物理学，就会想起牛顿、爱因斯坦；一提到化学，就会想起居里夫人、门捷列夫；一提到工业革命，就会想到瓦特。在我们的印象中，科学技术的进步主要靠科学家个体的聪明才智。这个看法对不对呢？对，但是不全面。如果让牛顿、爱因斯坦“穿越”到1000年前、2000年前，他们能取得相应的科学成就吗？显然不能，即便智商再高也不能。事实上，几千年的历史中，一定有智商堪比牛顿、爱因斯坦的人物，可惜都“英雄埋没成尘土”了。为什么？

牛顿说过一句家喻户晓的话：“如果我能看得更远一点的话，是因为我站在巨人的肩膀上。”这句话是有道理的。事实上，在人类改造自然的能力总体上还比较弱小的时候，推动科技进步主要靠的还不是个体的聪明才智，而是集体的力量。而中国的大一统传统，恰恰能够长期提供这种集体的力量。

中国历史上的大一统传统，能够维持长久的和平环境，发展出高度发达的农耕文明，生产出足够的剩余产品，进而带来社会分工，使得一部分人可以安心去从事技术发明，总结人们在生产劳动中的技术经验，对其加以优化升级，并在长期和平中实现技术积累。一些教科书中说中国古代很多科技发明是“劳动人民集体智慧的结晶”，这句话其实不是套话。同时，大一统的政治体制，建立起垂直化的政府管理系统，使得一个点上的先进技术，能够在很短的时间之内，在更大的面上得到推广。

因此，“大一统”并不见得都会压制科技创新，恰恰是中国古代科技能够“遥遥领先”的重要原因。相比之下，西方长时间陷入大分裂，就很难具备这个优势。

但是，到16世纪前后，人类在技术方面获得长足的进展，最终到达一个临界点：相比于集体的力量，个体的聪明才智对于推动技术进步具有更大的意义。到这个时候，西方反倒更胜一筹。为什么？个体的发明创造和开拓创新，只有得到有效的保护和促进，才能形成良性的循环，获得持续发展的动力。那么，靠什么保护个体的知识产权呢？契约精神，这恰恰是西方在长期大分裂的格局之下“逼”出来的选择：分裂带来战乱，但老打下去总不是办法，不如大家遵守契约维持力量平衡。同时，这种契约精神还保护了殖民者在海外的殖民活动，让西方获得了工业生产所需要的广阔的原材料产地和市场空间。[①]由此，形成一个促成科技创新的“闭环”。而在同一个时期，中国完成了农耕区和游牧区的更大统合，客观上需要更大的政治统合能力，当这种能力走到极端，就容易产生“专制”的弊端，进而压抑了个体的创造力。这是我们观察近五百年来中西科技之间此消彼长的一个重要角度。

西方科技在近代以来“一骑绝尘”的原因，除了契约精神的保

①刘哲昕：《精英与平民：中国人的民主生活》，法律出版社2014年版，第12—23页。

障，还要看到来自中华文明的深刻影响。我们知道，从公元5世纪后期到公元15世纪中期，欧洲经历了漫长的中世纪。这一时期，封建割据带来频繁的战争，教会垄断了思想文化，科技和生产力发展陷入停滞。那么，欧洲是如何走出这段所谓“黑暗时期”，迎来科学大爆发的呢？马克思指出：

> 火药、罗盘针、印刷术——这是预兆资产阶级社会到来的三项伟大发明。火药把骑士炸得粉碎，罗盘针打开了世界市场并建立了殖民地，而印刷术变成新教的工具，变成科学复兴的手段，变成制造精神发展的必要前提的最强大的推动力。①

是的，正是因为中国的火药和火器传入欧洲，欧洲才结束了“骑士”时代，社会结构得以改变；正是因为从中国引进了船尾舵、罗盘、多重桅杆等，改进了航海和导航技术，欧洲人才开始了“地理大发现”。

更重要的是造纸术以及印刷术。当中国通过印刷术降低书籍成本进而使书院遍布全国的时候，中世纪的欧洲还在用羊皮纸抄写《圣经》。羊皮造价高昂，抄写员的费用同样不菲——因为当时欧洲识字率很低，抄写员相当金贵。由于造价奇高，通常只有教会才拥有《圣经》，普通人想都甭想，但在当时的环境下又不得不信教，于是只能被动接受教会对《圣经》的解释。而教会毕竟有自己的利益，在解释《圣经》时就容易夹带“私货”，进而实现严密的思想控制。那么，这

①马克思：《机器、自然力和科学的应用》，载《马克思恩格斯全集》（第四十六卷）（下册），人民出版社1979年版，第16页。

种局面是如何被打破的呢？造纸术和印刷术从中国传到欧洲后，书籍的成本大幅度降低，于是更多人可以读到《圣经》。大家对教会夹带的“私货”日益不满，索性自己组团直接与“上帝”沟通。没有“中间商赚差价”，于是新教诞生了。教会的权威被打破，欧洲得以开启思想解放的进程，这就是宗教改革。同时，书籍成本的降低还有助于知识的普及，为科学的发展提供了重要条件。

（四）千古智慧看创新：穿越时空的血脉与筋骨

如果说科技创新塑造了文明的筋骨，那么思想文化的繁荣则铸就了中华文明的血脉。

在人类文明的轴心时代，孔子周游列国推行儒家政治主张时，苏格拉底正在雅典街头与人辩论；墨子提出“兼爱”“非攻”主张时，印度的佛陀也在传扬众生平等。春秋战国时期“百家争鸣”的盛况，与古希腊哲学的黄金时代相比毫不逊色：孔子的“仁者爱人”，老子的“道法自然”，庄子的“齐物”“逍遥”，墨子的“兼爱”“非攻”，孟子的“仁政”“王道”，荀子的“隆礼重法”，韩非子的“法不阿贵”，邹衍的阴阳五行，公孙龙的“白马非马”……这些思想绝非凭空而来，而是在三代文明传统基础上的时代创新。

这种思想创新贯穿于各个时代。汉代董仲舒将各家思想有机融入儒学，建构起包罗万象的思想体系。曹魏时期的王弼超越表面的言辞和形象去探讨内在的“意”，将哲学思辨引入经典注释中。源自印度的佛教在隋唐时期开花结果，不识字的慧能为禅宗留下“明心见性、顿悟成佛”的教义，使其在历史上大放异彩。宋明的朱熹、王阳明分别沿着“道问学”和“尊德性”的进路，发展出极具思辨性与实践性的宋明理学，让儒学逐步向下扎根。清代乾嘉学派又以考据学赋予经典新解……

历经数千年演进，在思想文化层面，先秦子学、两汉经学、魏晋玄学、隋唐佛学、程朱理学、陆王心学和乾嘉汉学等在世界文化大观园中熠熠生辉。这些中华学问在人类精神生活中所达到的深度与广度，与西方学术思想相比毫不逊色，在某些方面甚至更胜一筹。而这些思想学术，也绝非思想家个体解决完温饱问题之后的遐思，而是面对各自时代问题的集中回应，是对前代思想学术在发展过程中出现的弊端的克服的结果。

中华文明突出的创新性还集中体现在政治制度层面。

秦始皇统一六国后推行的郡县制，就像给国家装上了精密齿轮。云梦秦简中的律令文书显示，当时的公文传递已精确到时辰，这种行政效率让罗马帝国的信使都相形见绌。隋唐确立的科举制，比西方文官制度早了一千多年，不仅提高了政府的治理能力，还创造了“朝为田舍郎，暮登天子堂”（《神童诗》）的社会流动奇迹。监察制度通过设立专门的监察机构，对官员的行为进行监督和审查，有效防止了腐败现象的发生。钱穆在《中国历代政治得失》一书中强调，中国传统政治并非“五四”以来所批判的“专制”制度，而是有其合理性和积极意义。[①]事实上，所有这些制度都反映了我们的先人，对于如何维系一个超大规模文明型国家的艰苦探索。

还需要看到的是，这些制度绝非一两个天才根据某种抽象理念设

①钱穆：《中国历代政治得失》，三联书店2001年版，第1页。

计出来的，而是当时的人们为了解决现实中碰到的问题，不断探索出来的成果。但是，一项制度实行既久之后，又会产生新的问题，于是逐渐显露出弊端。此时，古人并没有一味抱残守缺，而是继续进行制度的创新创造。或许有人会问，为什么不设计出一个完美的制度，永远没有弊端？世界上哪有这样一劳永逸的事情！就像孩子会长大，小时候的衣服自然不合身；就像人会生病，制度也会出现弊端。因此，重要的不是设计完美的制度，而是面对制度弊端的态度：是让活生生的现实迁就于抽象的制度，还是调适制度使其适应变化了的现实？极具创新性的中华文明在大多数时候选择了后者。

至此，或许读者朋友可以更好地理解习近平总书记对于中华文明创新性的论述：“中华民族始终以‘苟日新，日日新，又日新’的精神不断创造自己的物质文明、精神文明和政治文明，在很长的历史时期内作为最繁荣最强大的文明体屹立于世。”①

“苟日新，日日新，又日新”出自四书之一的《大学》，据说是商汤的澡盆上刻写的箴言，借洗澡的比喻形象地反映了一种不断求新的精神。这形象地概括了中华文明创新性的精神内核。由此，中华民族在物质文明、精神文明和政治文明等方面取得了丰硕的成果。正因为我们曾经是最繁荣、最强大的文明体，所以我们今天追求的是“复兴”。习近平总书记这段重要论述，深刻阐释了中华文明创新精神的主体、动力和成果。

---

①习近平：《在文化传承发展座谈会上的讲话》（2023年6月2日），《求是》2023年第17期。

（五）创新赋魂塑骨：守正通变的哲学本源与无畏品格

如何理解这种创新性的重要意义？

一是从根本上决定了中华民族守正不守旧、尊古不复古的进取精神。

“穷则变，变则通，通则久”的古话，道出了任何事物都需要寻求变化以谋出路的进取精神，这正是中华文明创新性的哲学基础。表面上看，作为中华文明代表性人物的孔子说过“述而不作”“信而好古”之类的话，给人留下守旧、复古的印象。回到《论语》的语境，这更多是孔子的自谦之辞。事实上，孔子晚年删诗、正礼、订乐、撰易、叙书、作春秋的举动，恰恰体现了儒家在礼坏乐崩的社会现实面前寻求文明拯救之路的不懈努力。在尊重古代典籍的同时，蕴含着根本性的“作”，即创新的努力。儒家尊崇“三代之治”，也并非主张在物理时间的意义上倒退到古代，而是要守住“三代之治”这个“理想类型”所彰显的一以贯之的文明正道。

根据《中庸》所记，孔子明确表示“生乎今之世，反古之道”会导致“灾及其身”的后果。在新旧关系上，“周虽旧邦，其命维新”（《诗经·大雅·文王》）是中华文明秉持的总体态度。周从后稷开始立国，到周文王时已持续了一千多年，可谓“旧邦”；周文王带领周人一方面继承祖先传统，一方面革故鼎新、不断进取，让周这个古老的邦国获得了“新命”，最终推翻了殷商。朱熹的诗句“问渠那得清如许？为有源头活水来”，正好道出了守正须以创新保持文明活性的真谛。正是基于“守正”与“创新”的辩证统一，连续性才不意味着守旧、复古，创新性才能够做到有本有源。

二是从根本上决定了中华民族不惧新挑战、勇于接受新事物的无畏品格。

“穷则变，变则通，通则久”是中华文明积累的古老智慧。比如，面对史无前例的大洪水，鲧沿用“堵”的老办法而遭到失败，其子大禹转而运用“变堵为疏”的新办法，最终带领各个部族战胜洪灾。再如，面对战国时代列国纷争的局面，商鞅强调“治世不一道，便国不法古”（《史记·商君列传》），不顾旧贵族的激烈反对而在秦国推行变法，为秦始皇统一六国奠定了坚实基础。又如，面对守旧势力以久旱不雨为借口攻击变法称其招来“天变”，王安石针锋相对提出“天变不足畏，祖宗不足法，人言不足恤”（《宋史·王安石传》）的主张，不动摇其推行新法的决心，在历史上留下浓墨重彩的一笔。

近代以来，面对西方新兴工商业文明的强势挑战，中国陷入“三千年未有之大变局”。魏源在《海国图志》中发出“师夷长技以制夷”的号召，掀起了向西方学习的“新思潮”。洋务运动从器物层面学习西方的军事和工业技术；戊戌变法、清末新政试图学习西方的政治制度；辛亥革命推翻帝制，试图建立共和；新文化运动和五四运动对民众进行思想启蒙，倡导民主和科学，促进马克思主义的传播，孕育了中国共产党的诞生，为近代中国带来新的希望。

（六）世纪拐点开新局：破解“李约瑟之问”，星辰大海启新程

在这部分最后，还有必要回答一个问题：中国古代科技曾经“遥遥

领先”，但近代以来“西风压倒东风”，那么未来中国在科技创新上的前景如何？这其实可以看作“李约瑟之问”的当代延伸。所谓“往者不可谏，来者犹可追”，对未来的追问其实更应成为我们的主要关切。

当然，如果要全面回答这个问题，同样超出了笔者的认知边界。但我们不妨提供一个理解该问题的角度。

从16世纪至今，西方引领世界已经500年了。这是科技加速发展的500年，时间仿佛被密集压缩。人类的科技分工越来越复杂，越来越需要科学家们在分工基础上的合作来推进科技创新。遵守契约精神、保护知识产权当然是必要的，但单靠这个逻辑无法形成有效的合作，有时候反倒会为合作带来障碍。

因此，在21世纪的今天，当科技分工越来越复杂，我们很可能来到一个新的“拐点”。当此之际，如何把科学家们的聪明才智有效组织起来、统筹起来，对于推动技术突破至关重要。西方文明在这个问题上遭遇“瓶颈”，中华文明能迎来新的机遇吗？

这是一个大问题，同样难以全面回答。但是，笔者关注到一个颇有启发意义的细节。

最近几年，我们可能注意到，面对以美国为首的西方国家的“卡脖子清单”，我们的科学家们一个一个地攻坚克难，一个一个地画掉清单中的条目。在这个过程中，有一个体制起了关键作用，那就是“新型举国体制”。

提到“举国体制”，国人不会陌生。其基本逻辑是“集中力量办大事”。新中国成立后前30年，在极端艰苦的条件下，我们能造出“两弹一星一艇”，这一体制功不可没。但是，这个体制到后面为什么一度失灵了呢？时代条件变了。“前30年”实行计划经济体制，社会成员收入水平相差不大。加之爱国主义、集体主义教育深入人心，科学家靠着家国情怀、奉献精神，就可以任劳任怨、无私奉献，干出惊天动地的事业。但是，到了“后40年”，随着时代的发展变化，我国实行社会主义市场经济。在市场经济条件下，囿于原有体制机制，科研人员待遇一度上不去，而其他一些社会成员却在市场经济中先富起来，最终形成“造原子弹的不如卖茶叶蛋的”尴尬局面。在这种情况下，原有的举国体制就会难以为继，不能充分保障效率。

那么，在新的条件下，我们是否就要丢掉举国体制，把一切推给市场呢？绝对不能，因为这样就会把“集中力量办大事”的优势也丢了。因此，举国体制仍然要延续，但必须予以革新。我们一方面要充分保障科研人员的物质待遇，另一方面要把科学家的聪明才智统筹起来形成合力，在党的领导下，充分发挥好政府、市场、社会的作用，共同去攻坚克难。党的二十届三中全会指出：“教育、科技、人才是中国式现代化的基础性、战略性支撑。必须深入实施科教兴国战略、人才强国战略、创新驱动发展战略，统筹推进教育科技人才体制机制一体改革，健全新型举国体制，提升国家创新体系整体效能。”

如果通过进一步深化改革，使新型举国体制长期有效运转，那么我们就有希望站在新的“拐点”上，抓住新的“风口”，开启新的星辰大海！

三、统一性：如何理解基于“大一统”而形成的“多元一体、团结集中”以及“向内凝聚”？

连续性和创新性构成一组辩证关系：连续若无创新，连续就会陷入僵化、停滞；创新若无连续，创新也会带来浮躁和断裂。二者都是从时间轴上着眼的。那么从空间轴上看呢？首先值得关注的就是“统一性”。

美国汉学家费正清指出：“可以翻一下世界地图。全欧洲和南北美洲住着10多亿人。这10多亿人生活在大约50个主权独立的国家，而10多亿中国人生活在一个国家里。这个惊心动魄的事实，全世界中学生都是熟悉的，但是迄今为止几乎没有人对它的含义做过分析。”①

英国著名历史学家汤因比谈道：“就中国人来说，几千年来，比世界任何民族都成功地把几亿民众，从政治文化上团结起来。他们显示出这种在政治、文化上统一的本领，具有无与伦比的成功经验。”②

这些颇具冲击力的观点背后，涉及一个共同的问题，就是如何理解中华文明突出的统一性。

（一）地理环境与文明基因：中西文明统一性差异的深层溯源

要理解中华文明的统一性，不妨与西方文明作一个比较系统的对

① ［美］费正清：《伟大的中国革命》，刘尊棋译，世界知识出版社1999年版，第14页。

② ［日］池田大作、［英］阿·汤因比：《展望21世纪》，荀春生、朱继征、陈国良译，国际文化出版公司1997年版，第280、283—284页。

比。西方文明的发源地在欧洲。我们先简要比较一下欧洲和中国在地理、气候等方面的差异。

整个欧洲差不多是一个三面环海的大“半岛”，周边被众多小半岛和岛屿环绕。半岛和岛屿交通不便，天然会产生“离心力”。据统计，欧洲的半岛和岛屿面积，加起来约占欧洲总面积的33.3%，而中国的半岛和岛屿面积只占中国面积的1.6%。

同时，由于受地球自西向东自转的影响，强热带气旋，在太平洋主要影响中国东南沿海，形成“台风”（在大西洋则主要影响美国东部沿海，形成“飓风”）。由于台风的影响，中国东南沿海难以孕育出发达的海洋文明。相比之下，欧洲周围的海洋风浪要小得多。欧洲地理的重心本就分散在周边的半岛和岛屿上，而这些靠海的区域又更容易孕育出发达的海洋文明，导致欧洲的“离心力”进一步加剧。

中国西有大漠，北有冻土，东临大海，南边是难以穿越的热带丛林，西南是更难逾越的青藏高原。在这个相对完整自足的地理单元中，广袤的黄土高原和华北平原在约8000—3000年前的“仰韶温暖期”拥有非常适合的土壤、降水和气候条件，农业文明率先发展，其物产长期超越周边其他区域之总和。宋代以后，江南又得到充分的开发，成为核心农耕区，与中原相互配合、互动。

但是，中国内部不仅包含中原、草原、雪域、西域、海洋等不同的地理和文明形态，还有宗教、民族等方面的多样性。复杂的多样性意味着强大的离心力。因此，必须保持更强大的政治向心力，超过那些强大的离心力，才能有效维系大一统。有学者总结说，在所有这些多样性的怀抱之中，却有一个浑然天成的中原和一个大器晚成的江南，在漫长的农业文明时代，中原和江南这两位兄弟在黄河和长江这两条母亲河的辛勤哺育下，逐渐成长为一对真正的巨人，进而用他们坚强有力的臂膀将周边各个部分都紧紧地绾合在一起，数千年如一日，最终缔造出举世无双的“天下国家”，统合了经济、政治、民族、宗教、语言等各个方面的多样性。[①]

如果说中华文明的基本特征是“合”，那么西方文明的基本特征就是“分”。从西方文明的源头古希腊、古罗马之后，欧洲虽也崛起过几个昙花一现的帝国，但总体还是长期处于分裂状态。中国历史上也有分裂与战争，但是时间都相对短暂，主流还是统一与和平。而中国的大一统不仅是权力的大一统，更是文化的大一统，因为文化融合比军事征服更持久、更有效。

如何深入理解二者的差异？有两幅生动直观的图形。

长期大一统的中国社会形成的是“同心圆结构”，而长期分裂的欧洲则形成“拼图结构”。对于同心圆结构来说，整体先于部分；对于拼图结构来说，部分先于整体。[②]

对于拼图来说，各个部分之间需要靠契约、法律或宗教来进行拼接，背后却充满着“强者生存”的力量博弈；而对于同心圆来说，则需要靠圆心在道义制高点上的辐射力、感召力和吸引力，达到有机的融合，实现“远人不服，则修文德以来之”（《论语·季氏》）的王道理想，其背后更多是“柔远能迩”的人文教化。

只有基于中华文明的同心圆结构，我们才能更真切地理解习近平总书记的这番论述：“中华文明长期的大一统传统，形成了多元一体、

---

①刘哲昕：《精英与平民：中国人的民主生活》，法律出版社2014年版，第52—53页。

②刘哲昕：《我们为什么自信》，学习出版社2018年版，第34—45页。

团结集中的统一性。”[①]在这里，习近平总书记高度强调“大一统”的重要意义。

说起“大一统”，很多人心中可能有一种“爱恨交织”的情感：一方面，“大一统”意味着广阔无垠的疆域，意味着祖国的大好河山，一想到这里，每个中国人会打心眼里生起一股满满的自豪感；另一方面，一提到“大一统”，一些人马上又会想起“封建专制”“压制个性”之类的负面字眼，于是恨不得对这三个字退避三舍、掩鼻而过。然而，超越简单的爱恨，“大一统”的意义，在于塑造中华文明的统一性。大一统传统并不排斥多元，但是追求多元之上的一体；而通过团结集中，才能维持共同体所必需的政治向心力，否则容易散摊子。

习近平总书记指出：“‘向内凝聚’的统一性追求，是文明连续的前提，也是文明连续的结果。”[②]通俗来讲，“文明”的内核，是一群人的“活法”背后那种相对稳定的“看法”和“想法”。“活法”是生活方式，“看法”是价值观念，“想法”是思维方式。“活法”会有很多表象上的复杂变化——世事变化无常，人群聚散离分。但奇怪的是，在几千年的历史上，中华大地上这群人，就算一时散开，还总能靠着“大一统”的强劲传统聚在一块儿，幸福安康地活着，把自己的“看法”和“想法”一代一代地传递下去，由此保证“活法”的内核如如不动。[③]这大概是中华文明连续性背后的“密码”所在。

①习近平：《在文化传承发展座谈会上的讲话》（2023年6月2日），《求是》2023年第17期。

②习近平：《在文化传承发展座谈会上的讲话》（2023年6月2日），《求是》2023年第17期。

③李勇刚：《天下归心——“大一统”国家的历史脉络》，人民出版社2021年版，第3页。

（二）灾难应对与政治选择：大一统传统的生存逻辑与历史必然

中华民族为何如此“执着”地追求统一呢？

20世纪30年代，邓云特（邓拓）先生在《中国救荒史》中做了一个统计：从公元前206年到公元1936年，中国历史上有史可查的自然灾害次数达5150次，平均每四个月一次！[①]为什么中国自然灾害如此之多？

中国处在板块交界地带，因此地震频发。中国的核心区享受了大河灌溉和季风气候雨热同期的便利，促成农耕文明高度发达。但是，气候与水文变化无常，旱灾和水灾难以避免。此外，还有蝗灾、瘟疫等等。

许多灾害的量级，远远超过一个小村庄、小县城的应对能力。怎么办？只有形成相应量级的共同体，才能更加有效地应对灾难。事实上，早在《周礼》中就出现“荒政”一词，即国家应对自然灾害的措施。此后，历朝历代对于如何应对各种自然灾害，都有专门的机构设置、人员配备与资金安排。特别是在大一统朝代，荒政的机制相对更为完备。

荒政被认为是中国官僚制度的头等职能之一，是仁政的体现。“那些无法让民众在‘凶岁免于死亡’的王朝政权是对仁政义务的违背，放任民众死亡更是对封建王朝家国同构伦理的冲击，这将使王朝政权陷入合法性危机。”[②]

①邓云特：《中国救荒史》，商务印书馆2011年版，第38页。

②周光辉、赵德昊：《荒政与大一统国家：国家韧性形成的内在机制》，《学海》2021年第1期。

中华民族有“多难兴邦”的说法。“多难”是不得不面对的客观现实。面对灾难，中华民族没有选择“躺平”，也没有完全倚重神灵的护佑，而是选择把人的力量组织起来，去共同应对灾难，并在这个过程中强化了对大一统国家的文化认同。人们深知，只有“统”起来，才能更好地应对灾难。

在某些特殊的时候，如果实在“统”不起来，会怎样？别说天灾，单单人祸就足以生灵涂炭。

曹操曾在《蒿里行》中写道：“白骨露于野，千里无鸡鸣。生民百遗一，念之断人肠。”为什么会出现这样的惨状？这首诗前面还有几句：“淮南弟称号，刻玺于北方。铠甲生虮虱，万姓以死亡。”

在这里，第一句说的是袁绍的从弟袁术，仗着手上有些兵马，公然在淮南称帝；袁绍相对谨慎，但也仗着兵强马壮，私自刻好玉玺，在北方谋立傀儡皇帝。诗歌用这两句，反映东汉末年中央政权衰落、各地军阀割据混战的局面。由于战争连年不断，士兵们长期穿着铠甲，不脱战服，导致铠甲上爬满了虱子。而百姓则因为战争的破坏，死伤无数。

那么，如果在“统”起来的盛世，又是什么景象呢？诗圣杜甫的《忆昔》给我们提供了极佳的例证。

“忆昔开元全盛日，小邑犹藏万家室。”开元盛世是中国历史上最有名的盛世之一。杜甫回想起当时，即使是小城镇也住着上万户人家。那么，人们担心挨饿吗？不担心。“稻米流脂粟米白，公私仓廪俱丰实”，稻米颗粒饱满滑润，粟米洁白如玉，公家和私人的粮仓都装得满满的，粮食管够！不过，人不能老在一个地方待着，总得寻找“诗和远方”，那出门安全吗？没问题。“九州道路无豺虎，远行不劳吉日出”，豺虎比喻盗贼和战乱，诗句是说全国的道路上没有盗贼和战乱，人们不用专门挑个黄道吉日才敢出门。这反映了公共安全秩序得到有效保障。出门看到什么呢？“齐纨鲁缟车班班，男耕女桑不相失。”齐国的细绢和鲁国的薄绸源源不断地运送，男子耕田女子养蚕，各司其职，井然有序。这意味着全国各地的社会生产秩序和商业流通都井井有条。

各地秩序不错，那京城里呢？“宫中圣人奏云门，天下朋友皆胶漆。”宫中皇帝演奏着《云门》舞曲，天下的朋友关系如同胶漆一般紧密。这意味着朝廷和周边地区的关系都和谐融洽。最后，诗人把目光投向历史，总结经验：“百余年间未灾变，叔孙礼乐萧何律。”并非是长时间没有自然灾害，而是即便有灾害，朝廷也能通过荒政有效应对。此处叔孙指为汉朝制定礼乐的叔孙通，而萧何则以精通法律著称。由此指礼乐和法律都非常完备，国家治理体系有效运转。①

让我们把思绪拉回当代。

2014年11月11日，习近平主席与前来中国访问的时任美国总统奥巴马举行了一场“不打领带”的轻松会晤。月朗风清，水波荡漾，两位大国领导人就许多问题深入交换意见。在谈及主权问题时，习近平主席说：

> 中国文明从一开始就重视“大一统”。历史多次证明，只要中国维持大一统的局面，国家就能够强盛、安宁、稳定，人民就会幸福安康。一旦国家混乱，就会陷入分裂。

①这首诗后面还有几句，描绘了安史之乱后截然相反的混乱局面。此处不再赘述。

听罢习近平主席的阐述，奥巴马也颇多感慨：“我更加理解中国人民为何珍惜国家统一和稳定。”[①]

历史跨越一两千年，尽管语言的形式有了较大变化，但其中所凝结的经验和教训，却一以贯之！在文化传承发展座谈会上，习近平总书记再次强调：“团结统一是福，分裂动荡是祸，这是中国人用血的代价换来的宝贵经验教训。”[②]朴素的表达背后，浓缩的是中华民族千百年来真切的生存体验。

（三）突出的统一性：中华民族凝聚力的不竭源泉

如何理解这种统一性的重要意义？习近平总书记接连讲了四条内容。

一是从根本上决定了中华民族各民族文化融为一体，即使遭遇重大挫折也牢固凝聚的命运。

在全国民族团结进步表彰大会上，习近平总书记总结说：

> 各民族血脉相融，是中华民族共同体形成和发展的历史根基。各民族共同在中华大地上繁衍生息，有着千丝万缕的血缘亲缘关系，逐渐形成血脉相融、骨肉相连，你中有我、我中有你，多元一体、不可分割的命运共同体。历史充分证明，中华民族是

①《习奥瀛台夜话》，http：//politics.people.com.cn/n/2014/1114/c1001-26025214-3.html，2014年11月14日。

②习近平：《在文化传承发展座谈会上的讲话》（2023年6月2日），《求是》2023年第17期。

各民族长期交往交流交融的结果，各民族只有不断团结融合、自觉融入中华民族大家庭，才能拥有更美好的未来。①

在中国历史上，让统一性遭遇重大挫折的是什么？分裂。然而，几千年来，中国大地上虽然有不同政权的分分合合，甚至有长达几百年的分裂时期，但总会从分裂走向更大范围的统一。在西方，罗马之后再无罗马，只有信仰基督教的封建列国；而在中国，秦汉之后尽管经历长期分裂，但还是兴起了隋唐大一统王朝。“分久必合”在西方并不成立，但是在中国却是常态。即便在近代最为衰弱的时候，中华民族也没有分崩离析。正是基于中华文明的统一性，中华民族才形成牢不可破的凝聚力。

二是从根本上决定了国土不可分、国家不可乱、民族不可散、文明不可断的共同信念全国。

习近平总书记在全国民族团结进步表彰大会上重申了这四个共同信念：

各民族信念相同，是中华民族缔造统一的多民族国家的内生动力。中华民族自古以来就秉持“六合同风，九州共贯”、“天下大同”的理念，把大一统看作是“天地之常经，古今之通义”。自秦统一中国后，无论哪个民族入主中原，都以统一天下为己任，都始终坚持国土不可分、国家不可乱、民族不可散、文明不可断的共同信念。历史充分证明，我们统一的多民族国家是由各

①习近平：《在全国民族团结进步表彰大会上的讲话》（2024年9月27日），《人民日报》2024年9月28日第2版。

民族共同缔造的，也必须由各民族共同维护、巩固和发展。[①]

三是从根本上决定了国家统一永远是中国核心利益中的核心。

在中国历史上，一个政权只有完成国家统一，才能成为真正的正统王朝。历代政权总是把“合天下于一”作为自己奋斗的目标。在人们心中，只有“王天下”才是正统。“割据者不正”是一个获得广泛认同的政治价值观，就是说割据、偏安的政权在终极意义上皆不属于正统。如果有谁放弃统一的旗帜，试图割据自立，就会背离人心，成为逆流，最终在外攻内叛中土崩瓦解，为历史所唾弃。基于这样的政治共识，几千年来，无论是哪个民族建立的王朝，都以国家统一为最基本的政治目标。

正是基于对国家统一的不懈追求，我们用“一国两制”解决了历史遗留的香港问题和澳门问题，使祖国统一大业迈出重要一步。解决台湾问题、实现祖国完全统一，是全体中华儿女的共同愿望，是实现中华民族伟大复兴的必然要求，是中国共产党矢志不渝的历史任务。正如习近平主席所言：“台湾问题因民族弱乱而产生，必将随着民族复兴而解决。”任何逆历史潮流而动的行径都注定失败。

四是从根本上决定了一个坚强统一的国家是各族人民的命运所系。

稳定与秩序，是中国人的第一政治，也是中国人的共同经验，任何政治理论都无法动摇。如何确保稳定与秩序？这就必须有足够的政治向心力。所谓“大一统”，原意是推崇王者之一统，指向的是政治

①习近平：《在全国民族团结进步表彰大会上的讲话》（2024年9月27日），《人民日报》2024年9月28日第2版。

向心力的建构。早在先秦时代，孔子提出“天无二日，土无二王，家无二主，尊无二上”（《礼记·坊记》），强调“礼乐征伐自天子出”（《论语·季氏》），主张最高权力必须源出一门，否则便是“天下无道”。荀子提出“权出一者强，权出二者弱”（《荀子·议兵》），大权旁落的程度越深，国家政治就越混乱。孔子还提出“为政以德，譬如北辰，居其所而众星共之”（《论语·为政》）；韩非子认为“事在四方，要在中央，圣人执要，四方来效”（《韩非子·扬权》），尽管二者在具体治国主张上存在德治和法治的差异，但都用一种具有形象感的语言强调政治向心力的重要性。相比之下，西方政治传统在权力的最高处即实行“分权”，缺乏一个统一的源头，难以有效凝聚共识，容易导致国家的分裂和动荡。而在中国的大一统政治结构中，绝不允许最高权力的多元与歧出，因为那将以四分五裂、社会动荡为代价。

这些传统思想，在新时代获得鲜活的当代表达。中共中央宣传部在2021年8月发布的文献《中国共产党的历史使命与行动价值》中指出：“不论是中国几千年的历史，还是中国的革命、建设、改革，都充分表明，中央政权坚强有力，维持大一统局面，国家才能富强、安宁、稳定，人民才能安居乐业。”①

---

①《中国共产党的历史使命与行动价值》，《人民日报》2021年8月27日第1版。

四、包容性：中华文明如何由多元文化汇聚成共同文化，进而化解冲突、凝聚共识？

由于语境的转换，“大一统”三个字在当今容易给人带来“唯我独尊”的负面印象：既要“大”还要“一”，是要消灭所有的差异吗？这也“统”那也“统”，是要让所有人都一个样子吗？非也！在讲完“统一性”之后，习近平总书记强调“包容性”，给我们揭示了中华文明面对差异时的根本态度。

2008年北京奥运会的时候，有一个让人印象深刻的表演：900名演员组成庞大阵容模仿活字印刷的过程，并打造出不同形态的巨大汉字“和”。2022年北京冬奥会上，“一起向未来！”的标语格外醒目。古老的“和”的精神，再一次闪耀在五环旗下！一个“和”字，正是中华文明包容性的集中体现。

（一）从“龢”到“和”：一个汉字里的文明基因解码

“和”字最早的写法是“龢”，左边是“龠”字，右边是“禾”字。“龠”字表示意思，“禾”字表示读音。“龠”的上边部分是三个“口”，下边部分是一种类似排箫的乐器。如果只是一种声音，那就单调得没法听下去；如果有很多声音但是没有相互应和，就会形成噪音，也难以让人听下去。只有不同音符的合理配合，才能形成优美的和声或旋律。不过，由于“龠”字写起来比较麻烦，后来取了其中的

“口”的意象，与“禾”在一起，并且为了美观而左右互换了一下，于是形成今天我们看到的“和”字。从“和”字的原始字形，我们也可以看到中华民族一以贯之的对于差异性的尊重，以及对于更高层次的一致性的追求。在造“和”字的时候，人们用乐器作为直观的意象，很恰当地表达了这个理念。

中国人很早就懂得了“和而不同”的道理，深知多样性的可贵。早在春秋时代，有一位叫晏子的外交家就说过：“若以水济水。谁能食之？若琴瑟之专一，谁能听之？”（《左传・昭公二十年》）如果用水来调和水，味道必定寡淡，谁能喝得下去？如果琴瑟一直弹一个音，声音必定单调，谁能听得下去？孔子明确提出“君子和而不同”（《论语・子路》），既要维护人与人之间和谐友善的关系，又不必在具体意见上去苟同于人、勉强自己和他人必须屈从彼此。

不过，包容差异并不等于刻意固化差异，因为事物都会变化发展。“天地之大德曰生”（《周易・系辞上》），一切要素都在时间的洪流或细流中交融和演变，共同作用形成新的事物。差异并不需要被强制性地消灭，恰恰是实现“生生不息”的前提。古人认为，把具有差异性的要素加以协调平衡叫作“和”，如此才能生成万物，世界才能丰富发展。如果仅仅把相同的东西予以叠加，并不能生成新事物。这就是西周末年的史伯所总结的“和实生物，同则不继”（《国语・郑语》）的道理。对“和实生物”这四个字，一些人认为重点是“和”。在最终意义上，“生”才是目的，因为“生”是人类面临的共同处境，而“和”是“生”的方式，差异性则是“和”的前提。

对于包容性，习近平总书记解释说：“中华文明从来不用单一文化代替多元文化，而是由多元文化汇聚成共同文化，化解冲突，凝聚共识。”[①]“用单一文化代替多元文化”不过是片面求同，是“霸道”的逻辑，其实是难以持久的，这正体现了史伯所说的“若以同裨同，尽乃弃矣”的道理。近几十年来，以美国为首的西方国家在全世界推行所谓“普世价值”，实际上是试图把从西方文明中产生的地方性价值强行抬升，进而“复制粘贴”到其他文明之中，丝毫不顾及其他文明的具体情况。而中华文明遵循的是“由多元文化汇聚成共同文化”的进路，这正体现了史伯所说的“以他平他谓之和，故能丰长而物归之”的道理，也是中国传统“王道”所期待的状态。

因此，在价值观层面，我们在批判以美国为首的西方“普世价值”的同时，又提出了“全人类共同价值”。很多人不明白二者的差别所在。其实，只要理解“和实生物”的道理就会明白，“全人类共同价值”是在尊重各个文明、各个国家和地区的价值的基础上，寻求价值共通点。西方强推“普世价值”，却给世界带来动荡和不安；中国倡导“全人类共同价值”，在化解各种冲突的基础上，正凝聚起更广泛的共识。

（二）龙图腾的八百余年误解：被误读的东方符号与包容密码

这种“由多元文化汇聚成共同文化”的机制，生动地体现在“龙”的形象之中。在中华文明中，龙是帝王“受命于天”的符号，也承载着民间“风调雨顺”的祈愿。龙是中华民族世代尊奉的精神图腾，因此我们自称是“龙的传人”。

---

①习近平：《在文化传承发展座谈会上的讲话》（2023年6月2日），《求是》2023年第17期。

然而，当13世纪马可·波罗在游记中将元朝宫殿的龙饰译为“Dragon”时，一场持续800余年的文化误解便悄然开启。从《圣经》启示录中与天使作战的巨兽，到北欧神话中啃食世界树的毒龙尼德霍格，“Dragon”始终扮演着“恶魔化身”的角色。直到当代，无论是《哈利·波特》中守护魂器的蛇怪，还是《权力的游戏》中喷火屠城的卓耿，“Dragon”始终是亟待征服的邪恶力量。2005年在进行北京奥运会吉祥物评选时，龙因“易引发西方误解”而落选。真是冤枉！

那么，龙到底代表着怎样的精神呢？

这要从龙的形象是如何形成的说起。在十二生肖中，其他十一种动物都有现实中的对应物，但龙却没有。按照闻一多先生在《伏羲考》中的说法，伏羲部落最早以一条大蛇为图腾。后来该部落不断发展壮大，逐渐兼并融合了周边的许多小部落，形成了一个更大的部落。这个时候，一道难题摆在伏羲面前：究竟是以自己原有的大蛇为图腾呢，还是设计一个新图腾？换成今天的话说：如果您有一家公司，随着业务拓展兼并了其他公司，您是否会考虑把公司的logo给改一改、换一换呢？估计绝大部分老板是不会改换的——logo是我自己的，正好让它扩大知名度！然而，伏羲却做出了一个非同寻常的选择，他把新部落的图腾给改了。但是，他也没有无中生有地去设计一个全新的图腾，仍是以大蛇为主干，把其他部落的图腾都吸收进来，组合成一条龙的形象。①

设想一个刚融入的小部落的成员，看到这个新图腾，内心会是什么感受？他大概会琢磨：这是我的图腾吗？不是，这是一个从来都没

①闻一多：《伏羲考》，载《闻一多全集》（第1卷），三联书店1982年版，第26页。

见过的“怪物”。但是，这完全不是我的图腾吗？好像也不是，因为里面明明有我的一条腿，还有其他小部落家的一条尾巴、两只角和几个爪子，满身鳞片，甚至还有不知道谁家的一张脸！不管怎样，这个新图腾当中有和我原有图腾相同的一部分，那我最好还是得认！因为这毕竟代表着带头大哥伏羲对自己的一份尊重！确实，有和自己相同的一部分很重要，因为这是“认同”的基础。当所有新加入的小部落都这么想，新的更大部落内部的磨合成本就可以大幅度降低，对其的认同感就可以迅速建立起来。

是的，尊重他人、包容差异至关重要，这是获得认同的前提。只有建立认同，大家才可以开开心心地相互合作、共同奋斗。直到今天，中国人在每年端午节还要划龙舟。选手都清楚，不管大家平时有什么磕磕绊绊，如今都是一条船上的，只有齐心协力才能勇往直前。在某种意义上，这正是对于龙所代表的包容、合作精神的不断再生产！

“龙”哪里是什么邪恶的象征，分明是中华文明包容性的生动彰显！

所谓“龙的传人”，传的到底是什么？“龙”的形象背后，是一套如何包容吸纳各种差异、整合成更高层面共同体的精神“大模型”。至少从伏羲时代开始，中华文明就演化出一整套包容、合作的文化基因，历经数千年复杂演进，最终超越各种复杂差异，成就中华民族共同体的牢固凝聚。正如习近平总书记所说：“中华文化认同超越地域乡土、血缘世系、宗教信仰等，把内部差异极大的广土巨族整合成多元一体的中华民族。越包容，就越是得到认同和维护，就越会绵延不断。"[①]

从地域乡土看，在广袤的东亚大陆上，400毫米等降水量线划出农耕与游牧的分野，秦岭—淮河线分隔南北气候，横断山脉将西南切割成千沟万壑。地理和气候的多样性，造成各地人们在生活方式上的巨大差异。从帕米尔高原到东海之滨，从漠北草原到南海诸岛，生活着语言各异、习俗不同的无数族群。然而，黄土高原的粟作文明与长江流域的稻作文明，早在5000年前就开始了"食材交换"；秦汉修筑长城本为防御，却意外成为游牧与农耕的"共享边界"，草原的骏马与中原的丝绸在此完成最古老的"以物易物"；大运河作为古代南北经济文化交流的动脉，不仅运输货物，更促进了吴越文化、中原文化、齐鲁文化的交融。所谓"六合同风，九州共贯"，并非源自文人的浪漫想象，而是中华文化认同超越地域乡土的生动说明。

从血缘世系看，周代"封建亲戚，以藩屏周"的宗法制度到秦汉郡县制的转变，标志着治理体系从血缘纽带向文化认同的跃升。五胡十六国时期，五个胡人族群先后在中原建立十六国政权，都选择了中原的政治制度与语言文字，把自己的族源同炎黄世系联系到一起。南北朝时期，南朝贬低北朝为"索虏"，北朝蔑视南朝为"岛夷"，然而双方所依据的标准却源自同一种文化系统。宋辽金时期，契丹人建立的辽认为自己也是炎黄子孙，以中国人自居。宋辽签订澶渊之盟，约为兄弟之国，而让双方兄弟相待的基础还是共同的文化认同。占据中原的金朝以唯一正统自居，一些在金朝出生的汉人知识分子，在诗文中认同金是"中国""天朝""汉家"。即便僻处西北的西夏，也自认

①习近平：《在文化传承发展座谈会上的讲话》（2023年6月2日），《求是》2023年第17期。

为是黄帝后裔。为何会出现这些情况？因为只有超越血缘世系，各个族群才能共享中华文化丰富的精神世界。

从宗教信仰看，在政主教从的秩序中，宗教发挥了“辅助王化”的作用。无论外来宗教如何强势，凡进入中国，都会与中华文化融合共生。汉代兴起道教，魏晋兴起玄学，南北朝传播佛教，儒家都没有从政治上加以打压，只有思想上的辩论。中华文化的包容性，使得任何外来思想和宗教都可以被朝廷转用为整饬人心、维持秩序的工具。佛教传入中国后，与儒家伦理、道家哲学相互借鉴，形成了禅宗这一本土化佛教流派，既未丧失印度佛教的核心教义，又适应了中华文化土壤。明清之际，穆斯林学者用宋明理学阐释伊斯兰教经籍，王岱舆等数十位学者的“以儒释经”建立起中国伊斯兰教的理论基础。以利玛窦为代表的大量西方基督教传教士更是服膺中华文化，力图使西方的古典哲学和人文主义与儒学结合。

在2024年9月召开的全国民族团结进步表彰大会上，习近平总书记深情地说：

> 五千多年中华文明所孕育的伟大祖国、伟大民族，永远是全体中华儿女最深沉、最持久的情感所系。在这片辽阔、美丽、富饶的土地上，各族人民都有一个共同家园，就是中国；都有一个共同身份，就是中华民族；都有一个共同名字，就是中国人；都有一个共同梦想，就是实现中华民族伟大复兴！①

---

①习近平：《在全国民族团结进步表彰大会上的讲话》（2024年9月27日），《人民日报》2024年9月28日第2版。

共同家园、共同身份、共同名字、共同梦想缘何形成？超越地域乡土、血缘世系、宗教信仰等的中华文化认同，无疑为之提供了最为深厚的精神基础。

（三）从三教合流到马克思主义中国化：中华文明的“无边界”生长法则

我们可以从三个方面来集中认识这种包容性的重要意义。

一是从根本上决定了中华民族交往交流交融的历史趋向。

习近平总书记指出，“一部中国史，就是一部各民族交融汇聚成多元一体中华民族的历史”。各民族交往交流交融是中国历史发展的一条主线，更是我国民族关系史发展的主线。

在中国的历史上，各民族既有统一的历史时期，也有分裂割据的历史时期。但不论是哪一个时期，各民族交往交流交融的历史进程从未断裂。不论是以战争的方式还是以和平的手段，各民族都在吸收、借鉴、融合其他民族的文化。丝绸之路、唐蕃古道、茶马古道等，无不见证了各民族之间经济文化上的友好往来。

二是从根本上决定了中国各宗教多元并存的和谐格局。

在西方历史上，宗教之间经常发生战争，比如著名的“十字军”东征。中国历史上的各个宗教，虽然也有一些矛盾和冲突，但没有西方那样的宗教战争。佛教从印度传入中国，最终形成儒释道三教合一的局面。伊斯兰教和基督教等外来宗教传入进来，也能够与其他宗教和谐共处。明宪宗朱见深曾作《一团和气图》，少林寺有《混元三教九流图》，这两幅图共同的特点是在一幅图中融入了孔子、老子、释迦牟尼的画像，象征三教合一。

在少林寺的这幅图旁边，还配有赞语，其中提道：佛教见性，道教保命，儒教明伦，纲常是正（《混元三教九流图赞》）。就是说，佛教讲究明心见性，道教注重养生保命，儒教强调伦理道德，注重社会规范。此外，赞语中还提到“九流”的侧重点，此处不赘述。如何看待三教九流？赞语认为“为善殊途，咸归于治”，各家各派都是教人向善的，虽然途径不同，但最终目标都是为了实现社会的有效治理。面对它们的不同，应该怎么办？赞语接着说：“曲士偏执，党同排异”，那些固执己见的人热衷于拉帮结派、排斥异己，认为自己最厉害、别人都不行。赞语不赞同这种态度，给出了正确的做法——“毋患多歧，各有所施”，不用担心各种多样性，因为每一种都有具体的针对性，都有用武之地。仅仅尊重多样性就够了吗？未必。赞语还指出：“要在圆融，一以贯之”，关键在于能够融会贯通，找到更高层次的“一”。这篇赞语生动体现了中国各宗教信仰如何形成多元并存的和谐格局。

与西方文明相比，中华文明没有一神教的传统，不预设一个至高的神灵。因此，中华文明反倒能“以无有入无间”，以“无神”（没有唯一的最高神）容纳“多神”。这种以“无”容“有”的中国智慧，使得中国成为各大宗教和谐共存的乐土。中华文化还主张“万物并育而不相害，道并行而不相悖”（《中庸》），在高天厚土之间，只要不危害“大一统”国家的社会和政治秩序，各个宗教的“道”，大可并行不悖。

三是从根本上决定了中华文化对世界文明兼收并蓄的开放胸怀。

中华文明虽植根于中华大地，但自古以来就不是封闭僵化的，而是一个充满了活力、不断汲取内外多维文化、海纳百川的开放系统。在面对他者和异质性要素的强力冲击时，中华文明能够立足于“道”

的主体性，不断去尊重之、理解之、吸收之并融合之，进而丰富和发展自身，最终造就一个从未中断的文明。

在佛教传入早期，面对其所带来的强劲挑战，儒道两家都有过排佛之举。但是，随着相互之间的交往和交流，佛教吸收了中华文化的现世特性，在中唐以后形成禅宗；儒家则在吸纳佛教理论的基础上，形成更加精微细密的宋明理学；道家也结合百姓当中同时存在的消除罪业与健康长生的心理需求，与佛教互为表里，利益群生。到明清时代，最终形成儒释道三教合流的中华传统文化格局。另外，明末清初，西方基督教、伊斯兰教传入，中华文明也与其相融，使其成为中国化的宗教。

到晚清时期，新的“中西”问题逐渐凸显，那就是代表着现代文明的西方文化所带来的强势挑战。中华民族在中国共产党的领导下，开启马克思主义中国化的伟大进程。由此，中华文明不仅成功应对了西方文化的强势挑战，而且实现了现代更始重生，也实现了更高层次的文明包容性。

习近平总书记指出：“从历史上的佛教东传、‘伊儒会通’，到近代以来的‘西学东渐’、新文化运动、马克思主义和社会主义思想传入中国，再到改革开放以来全方位对外开放，中华文明始终在兼收并蓄中历久弥新。”①

①习近平：《深化文明交流互鉴　共建亚洲命运共同体——在亚洲文明对话大会开幕式上的主旨演讲》（2019年5月15日），《人民日报》2019年5月16日第2版。

五、和平性：中华文明如何努力以道德秩序构建一个群己合一的世界?

在中华文明的五大突出特性中，连续性和创新性在时间轴上构成一对辩证关系，统一性和包容性在空间轴上构成一对辩证关系。而和平性则涉及中华文明如何与其他文明打交道，如何共同推动形成一个理想的世界秩序。

早在2014年3月，在中法建交五十周年纪念大会上，习近平主席就向国际社会宣告：

> 实现中国梦给世界带来的是机遇不是威胁，是和平不是动荡，是进步不是倒退。拿破仑说过，中国是一头沉睡的狮子，当这头睡狮醒来时，世界都会为之发抖。中国这头狮子已经醒了，但这是一只和平的、可亲的、文明的狮子。[①]

要想充分理解这番生动的比喻，就有必要深入探讨中华文明突出的和平性。

---

①习近平：《在中法建交五十周年纪念大会上的讲话》（2014年3月27日），《人民日报》2014年3月29日第2版。

（一）大航海的两种文明叙事：从“征服逻辑”到“天下观的实践”

公元前47年，尤利乌斯·恺撒在泽拉战役中以闪电战击溃本都王国法尔那凯斯二世，向罗马元老院发出了一封仅含三个拉丁文单词的战报——“Veni, Vidi, Vici”（我来了，我看见了，我征服了）。这句以动词第一人称完成时构成的简洁宣言，不仅成为军事史上速度与决断力的象征，更在两千余年间渗透进西方文化的肌理，塑造了从政治哲学到流行文化的多重叙事。

1405年至1433年间，明朝郑和七下西洋。每次航行船只数量在60至200余艘之间，人数约2.7万至2.8万。郑和船队装备了手铳、碗口铳、盏口炮、神机炮等火器，覆盖近程、中程、远程打击需求，威力远超同期欧洲火器。但是，这些武器主要用于航海途中的威慑和防御。在苏门答腊、锡兰等地，郑和以军事威慑与外交斡旋相结合，化解地方政权争端，维护区域和平。比如，路过锡兰山国时，该国国王亚烈苦奈儿贪图船队财物，派大军偷袭船队。郑和生擒此人后，并未实施屠城，而是将其押解至南京，由明成祖裁决，体现“以德服人”的外交智慧。

相比之下，八九十年后的哥伦布、百余年后的麦哲伦的船队，不过三五艘船，千百来人，武器装备虽然有后来居上的优势，但在有些方面仍然赶不上郑和的船队。然而，哥伦布在加勒比海发动伊斯帕尼奥拉岛大屠杀，土著人口从数十万锐减至数百人，部分岛屿“尸横遍野，河流尽赤”；还将土著掳为奴隶，运往欧洲贩卖。麦哲伦用伦巴达大炮轰击土著村庄，造成大量平民伤亡，自己还因为干涉土著内政而被他们用长矛刺杀。

郑和结束航海一个半世纪之后，利玛窦来到中国。他惊讶地发现，中国拥有世界上最强大的海军力量，郑和下西洋竟然只带回来其他国家的土特产，没有随着大航海而搞经济殖民，没有觊觎周边国家的经济命脉和各种资源，这令他感到匪夷所思。

利玛窦之所以感到“匪夷所思”，是因为对比实在太过鲜明，是因为他所熟悉的是“我来了，我看见了，我征服了”的逻辑。但是，这样的逻辑只适用于西方世界。对于郑和而言，下面的逻辑或许更为合适：我来了，我交朋友了，我回家了！这才是中华文明的底层逻辑。

斯塔夫里阿诺斯在《全球通史》中有这么一段述评：

> 在一个几乎可以说其疆域广阔无边、人口不计其数、物产多种多样且极其丰富的王国里，尽管他们拥有装备精良、可轻而易举地征服邻近国家的陆军和海军，但不论国王还是他的人民，竟然都从未想到去进行一场侵略战争。……在这方面，他们截然不同于欧洲人；欧洲人常常对自己的政府不满，垂涎其他人所享有的东西。[①]

不过，今天经常有人为中国当年错过大航海时代而痛心疾首，从长远看未必没有道理。但是，如果加入这个时代必须以殖民、烧杀抢掠为代价，以丧失文明的特性为代价，真值得吗？中国人讲究“止戈

---

① ［美］L.S.斯塔夫里阿诺斯：《全球通史：1500年以后的世界》，上海社会科学院出版社1999年版，第14页。

为武”——自己虽然拥有强大的武力，但其目的却在于制止各种滥用武力所带来的混乱，最好靠威慑力就能维持住和平的秩序，而不必真正动武。这正是一种深刻的中华智慧。庞大而复杂的船队，更显示出的是明朝强大的制造业和财政能力。当时很多沿线的小国，纷纷派使节搭乘郑和的船队，前往明朝朝贡。通过郑和的航海事业，明朝的威慑力深入到爪哇、马六甲海峡和锡兰等区域，这是此前强悍的蒙古帝国也没能做到的事情。当时，欧洲乱成一锅粥，各个国家争斗无休，而东亚地区之所以能维持长期的和平与稳定，主要在于有中国这个“定海神针”。

（二）道德进化：中华文明的“第三层宇宙观”

早在《尚书》中，关于帝尧就有“克明俊德，以亲九族。九族既睦，平章百姓。百姓昭明，协和万邦”（《尚书·尧典》）的记载。就是说，帝尧能发扬自身卓越的德行，使亲族和睦团结；当家族内部亲善和睦后，便进一步辨明百官职守，让政事清明有序；待百官各司其职、政风清明之时，就能感化天下万邦，使各国各族和谐共处。

4300多年后的今天，习近平总书记强调：“和平、和睦、和谐是中华文明五千多年来一直传承的理念，主张以道德秩序构造一个群己合一的世界，在人己关系中以他人为重。”①

中华文明突出的和平性，数千年来一以贯之，而道德在其中发挥着关键作用。

①习近平：《在文化传承发展座谈会上的讲话》（2023年6月2日），《求是》2023年第17期。

“道”主要是指世界变化和发展的根本规律和法则；“德”与“得”相通，指的是人们对“道”认识后在认识和实践上有所收获。“道”侧重指外在的、未转化为个体内在心理的社会规范，而“德”则侧重指已转化为个体内在心理的社会规范。

与鬼神、武力、法令或资本主导的秩序不同，道德秩序凭借的不是恐吓、威慑、强制或利诱，而是发自内心的自觉，是心与心的感通。基于这种感通的机制，道德的感召力得以由近及远、化被万方。

在天地宇宙之间，只有人类才进化出完整的道德能力。今天通常所讲的进化，只是生命进化而已。在此之前，还有一层进化作为基础，那就是物理进化。“在宇宙大爆炸发生之后的极短时间里，从核素在力的作用下开始形成的那一刻起，宇宙就已经点燃了第一层进化——物理进化。”其中包括核素进化与化学进化，因为“从广义上说，化学尤其是无机化学，本质上也是物理学的范畴”。接下来，“当第一层的物理进化从核素、原子、分子，一路演进到了出现RNA和DNA这样具备自我复制能力的长链大分子的时候，就终于点燃了第二层进化——生命进化”。那么，我们对于人类的理解，仅停留在生命进化就够了吗？不够。“当第二层的生命进化从单细胞、多细胞、动植物，一路演进到了出现具备自觉意识的人的时候，事实上就已经点燃了第三层进化——精神进化”，其中包括智能进化和情感进化两个方面。①

这里的关键是“自觉意识”，因为这才是道德能力的“硬件支撑”。人类不能谴责动物不讲道德，因为它们并不具备这种能力；但

①刘哲昕：《生命与超越：一个命运共同体的理想》，法律出版社2020年版，第21—22页。

人类面对动物时还是要讲道德，因为人类自己有这个能力。从孔子开始，儒家把“仁”作为“总德”，就是涵盖一切道德的道德，为什么？因为“仁”的一个重要内涵，就是心灵的觉醒（“心有所觉谓之仁”），就是自觉意识，否则就是“麻木不仁”！

无独有偶，上述几重进化的逻辑，竟然与荀子的一段话高度呼应：

> 水火有气而无生，草木有生而无知，禽兽有知而无义；人有气、有生、有知，亦且有义，故最为天下贵也。（《荀子·王制》）

荀子层层递进地指出：水火这类自然元素，虽然具备构成万物的基本物质形态，但没有生命；草木有了生命机能，却缺乏感知能力；禽兽具备感知能力，但不懂得遵循道德规范。而人类不仅拥有物质形态、生命机能和感知能力，更能理解和践行道义，因此成为天地间最尊贵的存在。换句话说，人通过漫长的进化，终于被赋予了最高的心灵能动性，怎可辜负天地宇宙的这番“美意”？

孟子也说：“人之所以异于禽兽者几希，庶民去之，君子存之。”（《孟子·离娄下》）人与禽兽的差异微乎其微，但这一点差异至关重要。这点差异，就是能否践行仁义，由此分判出君子和普通人的区别。

在某种意义上，中华文明才真正把握了“天道”——不必做玄学的理解，“天道”不外乎是自然规律。中华文明没有把德行建立在对神灵的敬畏或恐惧上，而是直接从人禽之别处“挺立”道德，从自觉心出发“涵养”仁义。

在鬼神、武力、法令或资本主导的秩序中，人不过是对象、客体或手段，人与人是相互隔阂的；只有在道德秩序中，人才被当作具有完整禀赋的人来对待，人与人之间才构成一种你中有我、我中有你、谁也离不开谁的命运共同体关系，世界才成其为一个群己合一的和谐世界，而不是充满奴役与被奴役、控制与被控制关系的世界。张载在《西铭》中“乾称父，坤称母；予兹藐焉，乃混然中处。故天地之塞，吾其体；天地之帅，吾其性。民，吾同胞；物，吾与也”的动人表述，正是这种“万物一体之仁”的极致彰显。蒙学读物中“凡是人，皆须爱；天同覆，地同载”（《弟子规》）的训诫，则把群己合一的文化基因注入到一代代幼小的心灵之中。

不过，道德终归颇为抽象。如何塑造道德秩序，进而构造一个群己合一的世界呢？这就离不开礼，因为礼是一套具体行为的操作系统。礼的后面通常跟着一个“让”字，而礼的精神正是“卑己而尊人”；“让”才有可能带来和平，才能“化干戈为玉帛”，化解纷争。在礼乐文化的熏陶下，中华民族养成了时时处处替他人着想、以他人为重的传统美德。辜鸿铭当年曾将这种美德概括为“中国人的温良”。

> 我所谓的温良，绝不意味着懦弱或是软弱的服从。……中国人的温良，不是精神颓废的、被阉割的驯良。这种温良意味着没有冷酷、过激、粗野和暴力……在真正的中国式的人之中，你能发现一种温和平静、庄重老成的神态，正如你在一块冶炼适度的金属制品中所能看到的那样。尽管真正的中国人在物质和精神上

有这样那样的不足，但其不足都受到了温良之性的消弭和补救。[①]

中国一向被视为礼仪之邦，那么其礼貌的本质是什么呢？这就是体谅、照顾他人的感情。中国人有礼貌是因为他们过着一种心灵的生活，他们完全了解自己的这份情感，很容易将心比心推己及人，显示出体谅、照顾他人情感的特性。[②]

……真正的中国人就是有着赤子之心和成年人的智慧、过着心灵生活的这样一种人。简言之，真正的中国人有着童子之心和成年人的智慧。……同情的或真正的人类的智能造就了中国式的人之类型，从而形成了真正的中国人那种难以言表的温良。这种真正的人类的智能，是同情与智能的有机结合。它使人的心与脑得以调和。[③]

（三）中华文明的和平性：从“三个倡导”“三个反对”到中国的世界担当

围绕中华文明突出的和平性，习近平总书记总结了“三个倡导”“三个反对”。

一是倡导交通成和，反对隔绝闭塞。《周易》有“天地交而万物通”（《周易·泰卦》）的说法，强调开放交流是万物生发的基础。

①辜鸿铭：《中国人的精神》，载黄兴涛等译：《辜鸿铭文集》（下），海南出版社1996年版，第28页。

②辜鸿铭：《中国人的精神》，载黄兴涛等译：《辜鸿铭文集》（下），海南出版社1996年版，第32页。

③辜鸿铭：《中国人的精神》，载黄兴涛等译：《辜鸿铭文集》（下），海南出版社1996年版，第35页。

“交通”指物质与精神的互通有无，“成和”则是通过交流达到的有机整合。而“隔绝闭塞”则是一种封闭性思维，体现为物理阻隔（如贸易壁垒）、文化排外（如文明优越论）或信息垄断（如知识霸权）。这种态度不仅会阻碍自身的发展，还会导致误解和冲突。

二是倡导共生并进，反对强人从己。《中庸》“万物并育而不相害”的智慧，《论语》“己欲立而立人，己欲达而达人”（《论语·雍也》）的忠恕之道，都体现了在尊重差异中寻求共同发展的文明胸怀。“强人从己”是指强迫他人接受自己的观点和做法，通常表现为强权政治，最终会导致冲突和对抗。

三是倡导保合太和，反对丛林法则。《周易》提出“保合太和，乃利贞”（《周易·乾卦》），强调通过多元要素的协调平衡（保合）达到至高和谐（太和）。各国、各民族、各文化之间应该通过对话和协商，解决分歧和冲突，实现和平共处。“丛林法则”是指强者为尊、弱者为食的生存法则，这种源自动物界的法则不仅会导致弱者的生存困境，还会破坏社会的稳定与和谐。

尽管中华民族如此热爱和平，中国却在世界上受到各种无端指责。

近年来，中国综合国力和国际地位不断提升，日益走近世界舞台的中央，这有助于推动国际秩序朝着更加公正合理的方向发展。然而，个别西方国家戴着有色眼镜看待中国，不遗余力地对中国予以抹黑、歪曲和污名化。1992年，美国学者罗斯·芒罗发表《正在觉醒的巨龙》，首次在西方掀起“中国威胁论”浪潮，宣称中国是“亚洲真正的威胁”。此后几十年来，各种版本的“中国威胁论”“中国强硬论”“中国崩溃论”等负面言论层出不穷，对中国的国际形象造成严重的负面影响。

习近平总书记指出：“落后就要挨打，贫穷就要挨饿，失语就要挨骂。形象地讲，长期以来，我们党带领人民就是要不断解决‘挨打’、‘挨饿’、‘挨骂’这三大问题。经过几代人不懈奋斗，前两个问题基本得到解决，但‘挨骂’问题还没有得到根本解决。”[①]

要解决“挨骂”的问题，除了重塑国际传播格局，还要从根上集中精力讲清楚中华文明突出的和平性。总的说来，这种和平性具有四点重要意义。

一是从根本上决定了中国始终是世界和平的建设者、全球发展的贡献者、国际秩序的维护者。

中华民族历来爱好和平，主张“以和为贵”，推崇“协和万邦”，认为“亲仁善邻，国之宝也”（《左传·隐公六年》），努力用和平的方式与世界各国相处；反对不义战争和侵略、掠夺，鲜明地提出“国虽大，好战必亡”（《司马法·仁本》），对于弱肉强食、穷兵黩武的霸权主义有着基于文明基因的深刻警惕。

作为世界和平的建设者，中国多次参与联合国维和行动，派遣了大量维和人员，为维护世界和平做出了重要贡献；中国始终倡导通过对话和协商解决国际争端，反对使用武力或威胁使用武力。作为全球发展的贡献者，中国通过“一带一路”倡议等多边合作机制，为全球经济增长提供了新动力；通过基础设施建设、贸易合作和投资，中国帮助许多发展中国家实现了经济发展，并在应对全球性挑战方面积极提供国际公共产品。作为国际秩序的维护者，中国始终尊重国际法和

①习近平：《在全国党校工作会议上的讲话》（2015年12月11日），《求是》2016年第9期。

国际关系准则，维护联合国的权威和地位，积极参与国际组织和多边机制，推动构建更加公平、合理的国际秩序，坚决反对单边主义和霸权主义，主张通过多边合作解决全球问题。

二是从根本上决定了中国要不断追求文明交流互鉴而不搞文化霸权。

中华文明拥有“和实生物，同则不继”（《国语·郑语》）的智慧，认为文明交流互鉴带来的多样性，是文明充实发展的重要条件；强调“远人不服，则修文德以来之”（《论语·季氏》），主张“礼尚往来”“贵王贱霸”。到当代，费孝通先生提出“各美其美，美人之美；美美与共，天下大同”[①]的主张。

习近平总书记鲜明提出弘扬平等、互鉴、对话、包容的文明观，强调以文明交流超越文明隔阂、文明互鉴超越文明冲突、文明包容超越文明优越，明确了文明交流互鉴的正确态度和原则。中国反对任何形式的文化霸权，主张各国文化平等交流。

三是从根本上决定了中国不会把自己的价值观念与政治体制强加于人。

中华文明“和而不同”的智慧，意味着对他者存在的充分尊重；“礼闻来学，不闻往教”（《礼记·曲礼》）的自信，意味着对自他关系分寸的把握；“己所不欲，勿施于人”（《论语·颜渊》）的理念，则是对自身扩张冲动的主动约束。

①1990年12月，费孝通在日本东京举办的80寿辰聚会上以《人的研究在中国——个人的经历》为题发表主题演讲，其中提出“各美其美，美人之美”的观点，旨在阐述不同文化之间的共处原则。1998年，费孝通在《从反思到文化自觉和交流》一文中首次完整使用“各美其美，美人之美，美美与共，天下大同”，并明确指出这一观点源于1990年东京演讲的思考。参见费孝通：《文化与文化自觉》，群言出版社2016年版，第229页。

今天，中国式现代化可以为其他国家尤其是发展中国家迈向现代化提供参考借鉴，但我们无意也不会侵略他国、称王称霸。中国尊重各国根据自身国情选择的发展道路和价值观念，不干涉他国内政；通过平等对话和合作，帮助其他国家实现自身发展，而不是强加自己的模式。

四是从根本上决定了中国坚持合作、不搞对抗，决不搞“党同伐异”的小圈子。

中华文明反对“零和博弈”的排他性思维，主张和衷共济、和谐共生。“党同伐异”的背后是利益的勾结，而中华文明始终推崇的是道义的感召力。

中国始终倡导合作共赢，通过多边合作机制，推动各国共同发展，促进全球经济增长和区域合作。中国反对任何形式的“党同伐异”，积极参与国际事务，推动多边合作，而不是通过小圈子或集团对抗来解决问题。

第三章

“最大法宝”的重大意义

经过好一番“跋山涉水”，我们终于来到这本书最关键的一部分：如何理解“两个结合”这一“最大法宝”的重大意义呢？

《纲要》对“两个结合”的意义进行了凝练的概括：“从‘第一个结合’到‘第二个结合’，从‘一个结合’到‘两个结合’，体现了我们党对马克思主义中国化时代化基本规律认识的不断深化，揭示了我们党推动理论创新和文化繁荣的必由之路，标志着党的理论创造性、文化主体性、精神独立性实现了新的升华。”①

在文化传承发展座谈会上，习近平总书记从五个方面论述了“两个结合”的重大意义。

一、“结合”的前提是什么？为什么“结合”不是“硬凑”？

习近平总书记阐述的第一个方面，就是“结合的前提是彼此契合”。他强调，“结合”不是硬凑在一起的。马克思主义和中华优秀传统文化来源不同，但彼此存在高度的契合性。

两个来源不同的思想体系，为什么会有契合性呢？这种契合性体现在哪些方面？

①中共中央宣传部：《习近平文化思想学习纲要》，学习出版社、人民出版社2024年版，第29页。

（一）《马克思进文庙》：百年前的思想对话与文化回应

1925年底，郭沫若写了一篇“穿越小说”，题目叫作《马克思进文庙》。[①]该文开篇写道：

> 十月十五日丁祭过后的第二天，孔子和他的得意门生颜回、子路、子贡三位在上海的文庙里吃着冷猪头肉的时候，有四位年轻的大班抬了一乘朱红漆的四轿，一直闯进庙来。

性急的弟子子路想上前干涉，被孔子制止。此后，“朱红漆的四轿在圣殿前放下了，里面才走出一位脸如螃蟹、胡须满腮的西洋人来”。宾主在大殿之上分庭抗礼，借着轿夫的翻译，互通姓名，方知来者正是大名鼎鼎的马克思。一通寒暄之后，马克思抛出了自己的来意：

> 我们的主义已经传到你们中国，我希望在你们中国能够实现。但是近来有些人说，我的主义和你的思想不同，所以在你的思想普遍着的中国，我的主义是没有实现的可能性。因此我便来直接领教你：究竟你的思想是怎么样？和我的主义怎样不同？而且不同到怎样的地步？

---

①郭沫若：《马克思进文庙》，《洪水》1926年第1卷第7期。

马克思还问孔夫子：

> 究竟你的思想和我是什么样？假使这个出发点我们早就不同，那么我们根本上走的是两条路，我们的谈话也就没有再往下继续的必要了。

接下来，孔夫子和马克思进行了几轮对话。

当谈到理想社会时，马克思阐述了“各尽所能，各取所需”的共产主义社会。孔子惊呼：“这不正是我的大同世界吗！”并背诵《礼记·礼运》中的名句：“大道之行也，天下为公……是谓大同。”看来，两人的思想在“人人各得其所”的价值追求上惊人地一致。

在谈到实践路径时，对于孔子提出的“不患寡而患不均”，马克思尖锐地指出：“寡了便均不起来，贫了便是不安的根本。”这一对话暗含对儒家空想平均主义的批判，强调必须通过社会生产力发展（“产业的增殖”）实现物质基础，而非停留于道德呼吁。不过，此处孔子又引用“庶矣富之，富矣教之”和“足食足兵民信之矣”等论述，强调中国原本有重物质的思想，只是古代囿于科技水平导致生财能力有限。

谈话到最后，马克思忍不住感叹：

> 我不想在两千年前，在远远的东方，已经有了你这样的一个老同志！你我的见解完全是一致的，怎么有人曾说我的思想和你的不合，和你们中国的国情不合，不能施行于中国呢？

此时，孔子却感叹在中国也很少有人能真正了解自己的思想，并对马克思说了一句意味深长的话：

> 单只要能够了解，信仰你的人就不会反对我了，信仰我的人就不会反对你了。

这篇一百年前的“穿越小说”，用幽默的笔调较早触及马克思主义和中国传统文化能否契合的大问题，并且给出了肯定性的结论。当然，有人可能会说，这不过是出自文学家的虚构而已。但是，文艺往往能够发时代之先声。虚构的文字背后，恰恰反映了更高层面的现实。

在20世纪20年代中期，“打倒孔家店”的激进思潮与“整理国故”的保守倾向激烈碰撞，知识分子对传统文化的态度呈现两极分化。此时恰逢马克思主义传入中国初期，很多人把马克思主义作为先进的西方思想，将其与中国传统文化对立起来。这种头脑简单的观点，恰恰给反对马克思主义、反对共产党的势力递了刀子。国民党新右派“理论家”戴季陶趁机提出“孔孙道统”论，试图将三民主义与儒家思想深度绑定，进而排斥“外来的”马克思主义。郭沫若的这篇文章，正是对这番论调的直接回应。

一百年过去了。直到今天，还有人以“马克思是外国人”“马克思主义产生于欧洲”“马克思主义与传统文化不兼容”为由排斥马克思主义，不过是拾人牙慧的老调重弹罢了！

党的二十大报告提出：“中华优秀传统文化源远流长、博大精深，是中华文明的智慧结晶，其中蕴含的天下为公、民为邦本、为政以德、革故鼎新、任人唯贤、天人合一、自强不息、厚德载物、讲信修睦、亲仁善邻等理念，是中国人民在长期生产生活中积累的宇宙观、天下观、社会观、道德观的重要体现，同科学社会主义价值观主张具有高度契合性。”①

只有高度契合，才能相互兼容、不断发展。习近平总书记指出：“马克思主义传入中国后，科学社会主义的主张受到中国人民热烈欢迎，并最终扎根中国大地、开花结果，绝不是偶然的，而是同我国传承了几千年的优秀历史文化和广大人民日用而不觉的价值观念融通的。”②

（二）马克思主义与中华优秀传统文化的四大契合性解析

提到“两个结合”，不少学者都着力寻找马克思主义和中华优秀传统文化的“契合点”。

比如，从世界观来看，马克思主义主张唯物主义，中华优秀传统文化具有朴素唯物主义思想；从方法论来看，马克思主义的唯物辩证法与中华优秀传统文化的朴素辩证法相通；从认识论来看，马克思主义认识论与中华优秀传统文化中的知行合一观具有相融性；从历史观来看，中国传统民本思想与马克思主义唯物史观具有相融性；从社会理想来看，中华传统的大同社会理想与共产主义社会理想具有相容

①习近平：《高举中国特色社会主义伟大旗帜 为全面建设社会主义现代化国家而团结奋斗——在中国共产党第二十次全国代表大会上的报告》（2022年10月16日），《人民日报》2022年10月26日第1版。

②习近平：《坚持和完善中国特色社会主义制度 推进国家治理体系和治理能力现代化》，《求是》2020年第1期。

性。这些学理性的观点当然具有较大的启发意义。

在文化传承发展座谈会上，习近平总书记高屋建瓴地列举了二者在四个方面的契合性。

一是天下为公、讲信修睦的社会追求与共产主义、社会主义的理想信念相通。

《礼记·礼运》里说：“大道之行也，天下为公”，描绘了一个大同社会。这里的“天下”观念超越了地域、民族、阶层等，展现了一个至大无外、至公无私的理想世界。在天下大同的时代，人们应该摒弃私利与偏见，做到相互信任、和睦相处，实现和谐共生，而不是自私自利、以邻为壑，更不是以零和博弈的心态恃强凌弱、巧取豪夺。

马克思主义倡导建立“自由人的联合体”，其中个人的自由与全面发展不再是孤立的现象，而是全人类共同解放的必然结果。这种解放超越了单个个体层面，着眼于如何实现人的类本质。这就需要不断解放和发展生产力，消灭剥削与压迫，促进社会公平正义，实现全体人民共同富裕。这个过程不仅关注个体幸福，更展现出宏大的世界视野和深厚的人类情怀。

基于二者的相通，中国共产党自成立之日起，就牢固树立了共产主义远大理想和社会主义共同理想。这些理想不仅强调为人民谋幸福、为民族谋复兴，还体现了为世界谋大同的广阔胸襟。

二是革故鼎新、自强不息的担当与共产党人的革命精神相契合。

《周易》里说：“革，去故也；鼎，取新也”（《周易·杂卦传》），这就是“革故鼎新”这个词的来源。在社会生活中，这意味着人们要积极面对变化，革除旧的体制和观念，树立新的观念，建立新的体制。而这就需要大家发挥主观能动性，具备强烈的担当精神，努力推动社会变革，不断提升自己。《周易》里还有“天行健，君子以自强不息”（《周易·乾卦》）的说法，正是对这种担当精神的高度认可。

马克思主义认为“革命是历史的火车头”[①]，主张通过政治革命推翻代表反动统治阶级利益的旧的国家机器，建立让人民当家作主的政治体制，通过社会革命解决生产力和生产关系、经济基础和上层建筑之间的矛盾，让社会生产力不断发展，实现社会全面进步。

基于二者的相合，习近平总书记强调以党的自我革命引领社会革命，这就需要立足文明传统，不断强化使命担当，从革命精神中汲取刀刃向内、壮士断腕的勇气，实现改造客观世界和改造主观世界的辩证统一。

三是民为邦本、为政以德的治理思想与人民至上的政治观念相融。

《尚书》《孟子》等典籍当中都蕴含着丰富的民本思想论述，都强调政治正当性根植于民众，而非执政者或神灵所赋予。《论语》提出“为政以德”（《论语·为政》）的主张，强调执政者须具备优良德行，政治活动应秉持道德原则，而“德”的评判标准则在于能否确保民众物质生活的富足与精神世界的充盈。

马克思主义唯物史观认为，历史并不是由少数英雄人物所主导的，人民群众才是历史活动的主体，是社会物质财富和精神财富的创造者，是推动历史前进和社会变革的决定性力量。无论是波澜壮阔的

---

①马克思：《1848年至1850年的法兰西阶级斗争》，载《马克思恩格斯选集》（第一卷），人民出版社2012年版，第527页。

社会革命，抑或潜移默化的社会改革，其深层动力皆源自人民群众对美好生活的向往，以及对不公社会现状的抗争与改变。

基于二者之间的相融，习近平总书记饱含深情地提出“江山就是人民，人民就是江山，打江山、守江山，守的是人民的心”[①]，在治国理政中始终把“必须坚持人民至上”作为首要的立场观点和方法。

四是马克思主义从社会关系的角度把握人的本质，中华文化也把人安放在家国天下之中，二者都反对把人看作孤立的个体。

马克思指出：“人的本质不是单个人所固有的抽象物，在其现实性上，它是一切社会关系的总和。”[②]这意味着，人绝非孤立存在于世间的个体，其意义、价值以及发展潜力均与周遭社会关系紧密相连。作为社会存在物的人，只有在与他人的交往中才能真正实现自己的对象化活动，只有在共同体中才能获得发展其潜能的手段。

中华文化则强调修身、齐家、治国、平天下，不仅关注个人的道德修养，而且看重个人在家庭、社会、国家乃至整个世界中的责任和义务，将个人的成长与发展融入家国天下的整体脉络之中，将人生意义安放在个人与不同层次的共同体的有机链接之中。

相比之下，西方现代性往往把人视作孤立的、原子化的个体。这种观念虽然在一定程度上有助于西方当年在反封建斗争中争取个人自由和权利，但也导致其后来出现社会分裂、人际关系疏离、人生意义缺失等问题，带来人本身的严重异化。中国式现代化是物质文明和精

①习近平：《在庆祝中国共产党成立100周年大会上的讲话》（2021年7月1日），《求是》2021年第14期。

②马克思：《关于费尔巴哈的提纲》，载《马克思恩格斯选集》（第一卷），人民出版社2012年版，第135页。

神文明相协调的现代化，这意味着我们需要通过“第二个结合”，探求克服西方现代性弊端的文化方案，进而整体性地提升人类精神境界。

（三）契合性的内在贯通：中国共产党的政治主体性与文化使命

上述四条论述之间并不是简单的并列关系，而是具有浑然一体的内在贯通性。

其中，第一条并不停留于描述大同社会和共产主义在社会特征上的相似性，而是强调对这些理想社会的不懈追求，蕴藏着共同的文明倾向和思想动能。那么，如何将这种倾向和动能转化为现实力量，实现从理想到实践、从抽象到具体的跨越？关键在于不断强化使命担当，而第二条内容正是对二者在使命担当方面契合性的深刻诠释。承担这一使命的政治主体非中国共产党莫属，而党始终将广大人民作为服务的核心对象。第三条实际上涉及民本思想和唯物史观的契合性，而唯物史观从根本上说就是人民史观。“人民”乃是由个人构成的基本共同体，那么，如何把握人的本质、安顿人的意义？第四条阐释了马克思主义和中华文化共同蕴含的关系化、整体化的视角，二者都与西方现代性之下“原子化”的个体观迥然不同。

由此可见，这四条论述全面超越了单纯的学术性概括，进而在学理性与政治性交融、理论与实践贯通之中，系统深入地阐释了马克思主义与中华优秀传统文化为何能够彼此契合，极大地拓展了我们对这一重要问题的理解视域。

梳理完上述四条内容后，习近平总书记接着强调：“相互契合才能有机结合。正是在这个意义上，我们才说中国共产党既是马克思主义的坚定信仰者和践行者，又是中华优秀传统文化的忠实继承者和弘扬者。”①

这里的第一句话容易理解。确实，如果不能相互契合，那么二者不过是为了某种需要而“硬凑在一起”，只是机械拼合，而非有机结合。但是，第二句话的指向性何在呢？

客观而言，马克思主义和中华优秀传统文化有再多的契合点，也只是提供了一种相互结合的“可能性”。而让这种可能性照进现实，进而使其在实践中发挥巨大作用的，无疑是中国共产党。这句话实际上是要强调，理解“相互契合”的问题，最终还要落脚到推动二者不断契合的政治主体，才算究竟。

关于党在“第二个结合”方面的探索，第一章已有比较详细的论述。这里不妨再补充一个例子。

1943年5月，国际共产主义运动史上发生了一件大事：存在了24年的共产国际宣布解散。中共中央随即召开政治局会议，一致通过了《中共中央关于共产国际执委会主席团提议解散共产国际的决定》。由此，中国共产党作为共产国际中国支部的身份不复存在。

基于客观环境的变化，该决定中出现一句耐人寻味的表述：“中国共产党人是中华民族最优秀的子孙”，“是我们民族一切文化、思想、道德的最优秀传统的继承者，把这一切优秀传统看成和自己血肉相连的东西，而且将继续加以发扬光大……要使得马克思列宁主义这一革命科学更进一步地和中国革命实践、中国历史、中国文化相结合

①习近平：《在文化传承发展座谈会上的讲话》（2023年6月2日），《求是》2023年第17期。

起来”[1]。

摆脱外在的、意识形态方面的限制因素，中国共产党终于得以更加直接地袒露自己的心声，彰显其与中国历史文化传统的深刻关联。所谓“最优秀的子孙”“最优秀传统的继承者”“血肉相连”之类的表述，蕴藏着党对于民族、文化的无限眷恋、款款深情。对优秀传统“继续加以发扬光大”则表明了高度的责任意识、担当精神。而“发扬光大”的途径，则是把马克思列宁主义与中国革命实践、中国历史、中国文化进一步结合。

这段80多年前饱含深情的表述，不仅发“两个结合”之先声，而且生动体现了“中国共产党既是马克思主义的坚定信仰者和践行者，又是中华优秀传统文化的忠实继承者和弘扬者”。

二、“结合”的结果是什么？马克思主义和中华优秀传统文化都由此呈现出哪些新面貌？

在探讨马克思主义与中国传统文化的关系时，过去我们更多强调要在马克思主义指导下，对中国传统文化去粗取精、去伪存真、取其精华、去其糟粕。这个历史过程当然是极其必要的！但是，如果我们停留在这种思维模式中出不来，就很难有勇气去进一步探讨：经过如此这般“提纯”之后所得到的中华优秀传统文化，对于马克思主义能否产生积极的作用呢？毕竟马克思主义是指导思想。

---

① 《建党以来重要文献选编（一九二一——一九四九）》（第二十册），中央文献出版社2011年版，第318—319页。

在文化传承发展座谈会上，习近平总书记提出“结合的结果是互相成就”，实则为我们解开了思想束缚，让我们跳出窠臼，从一个崭新的视域去理解马克思主义和中华优秀传统文化，让它们之间的关系从之前简单的单向作用，变成深刻的双向影响。

（一）从“拼盘”到“文化生命体”：解码“两个结合”的哲学意涵

对于“两个结合”到底是什么、不是什么，习近平总书记用一组生动的比喻来说明：

> “结合”不是“拼盘”，不是简单的“物理反应”，而是深刻的“化学反应”，造就了一个有机统一的新的文化生命体。①

什么叫“拼盘”呢？那不过是把苹果、西瓜、火龙果等各种水果切一些放在一起，“你挨着我，我挨着它”，相互之间最多串点味儿，但没有更加实质性的相互作用。后面两个“反应”相对而言有更深一点的互动关系。我们在中学就做过物理和化学实验。简单的物理变化相较于“拼盘”有所深化，它改变了物质的状态或存在形式。不过，这还不足以引起物质本身性质的变化。或者说，不论如何进行简单的物理变化，不论如何折腾，最终事物之间“你还是你，我还是我”。化学反应是分子分解为原子，原子再重排组合成新分子的过程，其结果是生成全新物质，实现了“你中有我，我中有你”的融合。因此，

①习近平：《在文化传承发展座谈会上的讲话》（2023年6月2日），《求是》2023年第17期。

化学反应比简单的物理变化更深刻，也是“第二个结合”期待达到的效果：马克思主义与中华优秀传统文化通过深度结合、相互作用，最终水乳交融、互相成就。

二者互相成就的成果，则是“一个有机统一的新的文化生命体”。“文化生命体”的表述超越了一般的化学反应，因为化学反应还有赖于外在力量的催化，但文化生命体则内蕴着自我生长、蓬勃发展的无限动能。

习近平总书记的这段重要论述，巧妙融合现代自然科学术语，突破了概念论与机械论的束缚，在更高维度上悄然开启了中国传统意象思维与生生哲学的运思路径。

传统意象思维注重“言在此而意在彼”，用生动的意象启发人们的思索，进而传递出丰富深刻的义理，达到心领神会的表达效果。在这段论述中，拼盘、物理反应、化学反应、文化生命体等都是当代人熟悉的概念，但此处并非要溯源这些概念的本义，而是借这些概念，层层递进地表达如何“结合”的意象。

传统生生哲学根植于《周易》中“天地之大德曰生”（《周易·系辞上》）的表述，认为整个宇宙处在一个变动不居、大化流行的过程中，万物在天地间生成，生成意味着变化，这种变化周而复始、没有尽头，是为“生生不息”。基于“和实生物，同则不继”的信念，只有具有差异性的事物通过相互作用，才能生成新事物，进而适应环境变化带来的新挑战。在这里，“新的文化生命体”正是马克思主义和中华优秀传统文化之间“化学反应”的结果，其能否茁壮成长，端赖二者之间相互作用的程度。

“新的文化生命体”具有至关重要的意义。有学者指出：

> 作为生命体，为了活下去，需要不断的生长，不断进行新陈代谢，去粗取精，取精用弘，需要经历不同的成长阶段。对于外来文化，作为一种必要的营养当然需要吸收。马克思主义作为指导思想，毫无疑问需要把外来文化充分转化为生命体的内在有机组成，成为生命体自身，这就是马克思主义中国化时代化的意义。因为，马克思主义不能仅仅以理论形态停留在生命体的外部，必须进入生命体内部，成为生命体自身。①

要呵护好这一“新的文化生命体”，首先需要弄清楚：马克思主义和中华优秀传统文化之间，究竟是如何相互作用的呢？

（二）真理之光激活文明基因：马克思主义引领中华文明现代转型

习近平总书记在文化传承发展座谈会上指出：

> 一方面，马克思主义把先进的思想理论带到中国，以真理之光激活了中华文明的基因，引领中国走进现代世界，推动了中华文明的生命更新和现代转型。②

对于马克思主义如何以真理之光激活中华文明的基因，本书在第

①张志强：《深刻理解中华民族现代文明的几个关系》，《当代中国马克思主义研究》2023年第3期。

②习近平：《在文化传承发展座谈会上的讲话》（2023年6月2日），《求是》2023年第17期。

一章中已有比较详细的叙述，此处不再重复。不过，我们在这里不妨展开一个有趣的“思想实验”。

假如再来一次“时空穿越”，我们把曾国藩、左宗棠、康有为、梁启超、孙中山、黄兴和陈独秀、李大钊请到一起，他们能和和气气地在一张桌子上一起吃饭吗？大概不能，因为他们的思想观点实在相差太远了！具体的差异，我们在第一章中已有所说明。

那么，他们之间就没有什么共同语言吗？倒也不是。尽管他们的思想观点相差甚远，但他们都主张向西方学习，只是学的对象和方式不一样，导致他们的思想观点出现巨大差异。如果再追问一步，试问驱动他们向西方学习的动力何在？你会发现这个动力却出奇地一致，那就是本书前面提到的四个字——“救亡图存”。如果我们抛出这个话题，请他们坐在一张桌子上商量商量，想必他们是不会有什么意见的。

这当中其实有一个“甚为可怪”的地方。按照今天的省区划分，曾国藩、左宗棠、黄兴是湖南人，康有为、梁启超、孙中山是广东人，陈独秀是安徽人，李大钊是河北人，他们的家乡动不动相距几百公里，甚至一两千公里。在地球上大部分地方，那都得跨越好几个国家了！但是，天南海北的这些前辈，脑海中却有一个牢不可破的共识：我们都是中国人！现在中国面临危险了，甚至快要亡国了，我们不救，谁救？请问，这种共识从何而来？

不是来自外在的强迫，不是来自利益的驱使，不是来自宗教的信仰，而是来自千百年来传承下来的家国情怀！不管是这当中的哪位，从小一定都读过屈原的“身既死兮神以灵，魂魄毅兮为鬼雄”（屈原《九歌·国殇》），读过杜甫的“出师未捷身先死，长使英雄泪满襟”

（杜甫《蜀相》），更读过陆游的“死去元知万事空，但悲不见九州同”（陆游《示儿》）、“位卑未敢忘忧国，事定犹须待阖棺”（陆游《病起书怀》），文天祥的“人生自古谁无死？留取丹心照汗青”（文天祥《过零丁洋》），甚至读过林则徐的“苟利国家生死以，岂因祸福避趋之”（林则徐《赴戍登程口占示家人二首·其二》）。尽管随着历史的演变，各个时代的诗人们口中的“国”在疆域上或有盈缩，但家国情怀却一以贯之、世代相传！这就是中华文明基因的力量！

文明基因至关重要。近代以来，不仅中国面临西方新兴工商业文明的“降维打击”，几乎所有非西方地区都面临这种“降维打击”。中国一度被称为“东亚病夫”，可叹这“病夫”还是成双成对的，因为还有一个“西亚病夫”，那就是奥斯曼帝国。这个延续六个世纪、曾经地跨亚非欧三大洲的大帝国，一度颇为强盛，对欧洲基督教世界构成严重威胁。但是，面对此次“降维打击”，奥斯曼帝国被西方列强肢解成三十多个国家和地区，如今很多地方还深陷动荡之中。而中国却始终保住了“大一统”的格局，以一种整体的姿态重新屹立于世界东方。

但是，仅有文明基因就够吗？为什么曾国藩、左宗棠、康有为、梁启超、孙中山、黄兴等人的方案，没有取得最终的成功，然而陈独秀、李大钊等创建的中国共产党，却最终取得了革命胜利，成功完成了“一心救中国”的任务，并带领中华民族走在伟大复兴的康庄大道上？

最根本的差别，在于是否有先进的思想理论指导，是否有真理之光的激活。毛泽东同志指出：“自从中国人学会了马克思列宁主义以后，中国人在精神上就由被动转入主动。”①可见，不是别的思想，而是马克思主义才让中华文明实现生命更新和现代转型，才让中华民族重新焕发出自身的精气神。

（三）从传统到现代的跨越：马克思主义激活中华文明的四大维度

回顾中国共产党百余年的奋斗历程，在马克思主义真理之光的照耀下，中华文明的诸多优秀基因被激活。习近平总书记指出：

> 从民本到民主，从九州共贯到中华民族共同体，从万物并育到人与自然和谐共生，从富民厚生到共同富裕，中华文明别开生面，实现了从传统到现代的跨越，发展出中华文明的现代形态。②

这里涉及四个重要的方面，同样有必要逐一分析、阐释。

第一，中国古代民本思想为我们留下“水可载舟，亦可覆舟”（《荀子·王制》）的训诫，不过民众总体上还是处于被动的地位。马克思主义主张人民群众是历史的创造者，国家机关必须由社会主人变为社会公仆，接受人民监督。党以马克思主义关于人民民主的思想为指导，在坚持党的领导、人民当家作主、依法治国有机统一中推进社会主义民主政治建设，不断发展和完善全过程人民民主，进而有效

---

①毛泽东：《唯心历史观的破产》（1949年9月16日），载《毛泽东选集》（第四卷），人民出版社1991年版，第1516页。

②习近平：《在文化传承发展座谈会上的讲话》（2023年6月2日），《求是》2023年第17期。

规避了西式票选民主的诸多缺陷。

第二，“九州共贯”（《汉书·王吉传》）强调大一统国家中政令的上下贯通，但其中仍然存在民族方面的隔阂和矛盾。马克思主义民族理论则以民族融合为核心要义，且着眼于建设真正的共同体。党以马克思主义民族理论和共同体思想为指导，推动大一统历史传统的现代转型，强调铸牢中华民族共同体意识，构筑中华民族共有精神家园，全面超越了西方传统民族国家理论，为实现“人口规模巨大的现代化”提供重要保障。

第三，《中庸》强调“万物并育而不相害，道并行而不相悖”，勾勒出万物和谐共生的愿景，但对如何实现愿景则缺乏科学、系统的理论支撑。马克思主义主张人的自然化和自然界的人化的历史的统一，强调人类必须敬畏、尊重、顺应和保护自然。党以马克思主义关于人与自然关系的思想为指引，融入中国古代生态智慧，形成“绿水青山就是金山银山”的生动理念，不断推进生态文明建设，把“人与自然和谐共生”作为中国式现代化的重要特征，由此摒弃了西方工业化进程中牺牲环境的传统发展模式。

第四，孔子主张“庶而后富”（《论语·子路》），《尚书》提出“正德、利用、厚生”（《尚书·大禹谟》），主张保障民众的物质生活，但这更多是一种自上而下的视角。而马克思主义提出在未来社会中，“生产将以所有的人富裕为目的”[①]，“所有人共同享受大家创造

①马克思：《1857—1858年经济学手稿摘选》，载《马克思恩格斯文集》（第八卷），人民出版社2009年版，第200页。

出来的福利”[1]。党以马克思主义关于社会建设的思想为指引，汲取中国古代富民厚生的理念，不断保障和改善民生，促进社会公平正义，把“全体人民共同富裕”作为中国式现代化的重要特征，这与西方现代化过程中出现的贫富两极分化、社会矛盾突出的现象形成鲜明对比。

总之，在从传统到现代的跨越中，中华文明并没有跟在西方文明后面亦步亦趋，并没有简单复制西方的现代化模式，也没有被西方文明所替代。究其原因，党在马克思主义的系统指导下，有效激活中华文明的优秀基因，使中华文明发展出一种具有自身特色、别开生面的“现代形态”。

（四）以文化根脉滋养真理魂脉：中华优秀传统文化与马克思主义中国化

梳理完马克思主义对中华文明的意义，接下来需要探讨中华优秀传统文化对马克思主义的积极意义。习近平总书记强调：

> 中华优秀传统文化充实了马克思主义的文化生命，推动马克思主义不断实现中国化时代化的新飞跃，显示出日益鲜明的中国风格与中国气派，中国化马克思主义成为中华文化和中国精神的时代精华。[2]

马克思主义诞生之后，曾经传播到世界上许多国家和地区，最终

---

①恩格斯：《共产主义原理》，载《马克思恩格斯选集》（第一卷），人民出版社2012年版，第306页。

②习近平：《在文化传承发展座谈会上的讲话》（2023年6月2日），《求是》2023年第17期。

却在中国蓬勃发展，取得举世瞩目的成就。为什么？其中一个重要的原因，在于“中国文化源远流长，中华文明博大精深”[①]，这为马克思主义的落地生根、开花结果提供了肥沃的土壤。换句话说，马克思主义作为整个人类精神的精华，以其科学性、批判性、前瞻性和对人类解放的执着追求，展现出了令人仰止的思想境界。一个民族只有在精神上发育到相当的高度，才有能力对马克思主义做出精准的理解，进而真诚地接受。而五千多年文明史的风风雨雨淬炼出来的中华优秀传统文化，让中华民族具备这样的理解力和接受度。

非但如此，中华优秀传统文化还能反过来为马克思主义的不断发展提供丰厚的精神滋养，让作为普遍性理论的马克思主义在中华大地上获得具体形态，逐渐形成“日益鲜明的中国风格与中国气派”。本书第一章提到的毛泽东的“老三篇”，就鲜明地体现了这一点。

《为人民服务》以张思德这一普通战士的事迹为例，将马克思主义的“人民主体性”与儒家的“民本”传统结合，并通过“彻底为人民利益工作”的表述，实现了从“为民做主”到“人民当家作主”的跨越。文中引用司马迁“人固有一死，或重于泰山，或轻于鸿毛”（《报任安书》），将传统文化中的生死观改造为“为人民利益而死”的共产主义价值观，实现唯物史观与中国伦理传统的融合。

《愚公移山》借用《列子》中的寓言故事，并剔除了原故事中“帝感其诚”的宿命论色彩。文章将帝国主义和封建主义比作“两座大山”，借愚公“子子孙孙无穷匮也”（《列子·汤问》）的移山之

①习近平：《在文化传承发展座谈会上的讲话》（2023年6月2日），《求是》2023年第17期。

举，阐释了“下定决心，不怕牺牲，排除万难，去争取胜利”[①]的革命精神，以及如何将抽象的革命理论转化为具体的行动纲领，实现了从“坐而论道”到“起而行之”的转变。

《纪念白求恩》将马克思主义的国际主义与儒家的“仁者爱人”思想结合，塑造了“毫不利己、专门利人”的道德典范。这种融合既否定了狭隘的民族主义，又赋予共产主义理想以中国式的伦理温度。文中“一个人能力有大小，但只要有这点精神，就是一个高尚的人，一个纯粹的人”的表述，暗合儒家“人皆可以为尧舜”（《孟子·告子下》）的性善论。

“老三篇”以通俗的语言、生动的典故，将共产主义理想与中华文化精神熔铸于一体，让马克思主义不仅在形式上“说中国话”，而且在内容上融入了中华优秀传统文化的精华，最终为中国老百姓所喜闻乐见。

（五）从修养传统到自我革命：中华优秀传统文化充实马克思主义的实践典范

在中华优秀传统文化的滋养下，中国共产党还充实了马克思主义中此前未充分展开的内容。这方面的典范，当数刘少奇同志的《论共产党员的修养》。

这本小册子，是刘少奇同志于1939年7月在延安马列学院作的两次演讲整理而成。1961年，他在与有关人员谈及该书时说：“在党的建设问题上，马克思、恩格斯、列宁、斯大林他们着重是讲党的路

①毛泽东：《愚公移山》（1945年6月11日），载《毛泽东选集》（第三卷），人民出版社1991年版，第1101页。

线、方针、政策，很少从每个党员应该怎样加强自身的思想意识修养、理论修养和党性锻炼培养共产主义道德品质，以有效地贯彻执行这些路线、方针、政策的角度，提出问题和分析问题。我们党在毛泽东同志领导下，一贯重视制定各个时期的正确路线、方针，同时又重视这方面的问题，《论共产党员的修养》就是根据多年对党内生活的观察，在这方面作了一些总结。”①

和马列经典作家不同，中国共产党之所以关注党员修养问题，一个根本原因恰恰在于中华文明注重道德修养的传统。在某种意义上，也正是基于这种传统，党员修养问题成为中国共产党发展到一定阶段就必须格外重视的问题，而中华优秀传统文化在这方面有大量思想资源。事实上，刘少奇在书中引用了孔子、孟子、曾子以及《诗经》关于道德修养的论述，比如“吾日三省吾身”（《论语·学而》）、“人皆可以为尧舜”（《孟子·告子下》）、“如切如磋、如琢如磨”（《诗经·卫风·淇奥》）等，用中国老百姓喜闻乐见的“中国作风”和“中国气派”，在中共党史上首次提出并阐明马克思主义中国化必须与党性修养融为一体，形成具有中国民族特色的党性修养理论。

这种理论取向影响深远，贯穿各个历史时期。

毛泽东认为这篇文章写得很好，“提倡正气，反对邪气”②，还表示“他讲‘修养’，我讲‘整风’，意思是一样的”。1942年，中共中央宣传部决定把《论共产党员的修养》作为整风学习的22个文件

---

①邓力群：《逝者和生者的欣慰——记〈刘少奇选集〉（上卷）的编辑出版》，《人民日报》1982年1月15日第5版。

②杨尚昆：《卓著功勋　彪炳春秋——为少奇同志一百周年诞辰而作》，《人民日报》1998年11月24日第5版。

之一。

邓小平认为，刘少奇的《论共产党员的修养》和其他关于党的建设的著作，“教育了全党的广大党员，是我们党的宝贵财富”[①]。

江泽民同志曾说：“我们党的一大长处和优势，就是把树立马克思主义世界观、人生观同坚持和发扬中华民族优良传统有机结合起来，讲求共产党员个人的思想品德修养。刘少奇同志写了一本《论共产党员的修养》，就曾专门讲过这个问题。革命战争年代，党员、干部要讲个人的修养；党执政了，搞改革开放和现代化建设，党员、干部同样要讲个人的修养。”[②]

胡锦涛同志指出：“刘少奇同志十分重视党的建设，是党内公认的党建理论家。他的《论共产党员的修养》、《论党》、《论党内斗争》等都是党建理论的重要著作。”[③]

习近平总书记多次谈到该书，指出“刘少奇同志在《论共产党员的修养》中就将‘慎独’作为党性修养的有效形式和最高境界加以提倡”[④]。他还强调：“他撰写的《论共产党员的修养》《论党内斗争》等著作丰富了党的建设理论，教育了一代又一代共产党人。”[⑤]习近平总书记在党的二十大报告中提出“深入推进新时代党的建设新的伟大工程，以党的自我革命引领社会革命”，强调“坚持党性党风

---

①《在刘少奇同志追悼大会上 邓小平副主席致悼词》，《人民日报》1980年5月18日第2版。

②江泽民：《大力发扬艰苦奋斗精神》（1997年1月29日），载《江泽民文选》（第一卷），人民出版社2006年版，第623页。

③胡锦涛：《在纪念刘少奇同志诞辰110周年座谈会上的讲话》（2008年11月11日），《人民日报》2008年11月12日第2版。

④习近平：《追求“慎独”的高境界》（2007年3月25日），载习近平：《之江新语》，浙江人民出版社2007年版，第272页。

⑤习近平：《在纪念刘少奇同志诞辰120周年座谈会上的讲话》（2018年11月23日），《人民日报》2018年11月24日第2版。

党纪一起抓，从思想上固本培元，提高党性觉悟，增强拒腐防变能力，涵养富贵不能淫、贫贱不能移、威武不能屈的浩然正气"①，同样充分体现了这种一以贯之的、注重党员修养的重要思路。

总体而言，一百多年来，在中国化马克思主义的理论脉络中，"实事求是"的思想路线，"古为今用，洋为中用"的文艺方针，"小康社会"的奋斗目标，"一国两制"的伟大构想，"以德治国"和"依法治国"的紧密结合，"和谐社会"及"八荣八耻"的理念，"两个结合"的正式提出，均为以中华优秀传统文化充实马克思主义文化生命的生动实践，充分彰显了中国风格与中国气派。

习近平总书记指出："马克思主义中国化时代化这个重大命题本身就决定，我们决不能抛弃马克思主义这个魂脉，决不能抛弃中华优秀传统文化这个根脉。"②推进马克思主义中国化时代化，必须坚持马克思主义这个立党立国、兴党兴国之本不动摇，坚持植根本国、本民族历史文化沃土发展马克思主义不停步。③"根脉"遇到"魂脉"才有勃勃生机，"魂脉"遇到"根脉"才能生根发芽。"魂脉"追寻"根脉"，"根脉"离不开"魂脉"，只有"魂脉"附着"根脉"，中国化时代化的马克思主义才会有底气、有活力、有生机。

在文化传承发展座谈会上，习近平总书记还强调："'第二个结合'让马克思主义成为中国的，中华优秀传统文化成为现代的，让经

---

①习近平：《高举中国特色社会主义伟大旗帜　为全面建设社会主义现代化国家而团结奋斗——在中国共产党第二十次全国代表大会上的报告》(2022年10月16日)，《人民日报》2022年10月26日第1版。

②习近平：《开辟马克思主义中国化时代化新境界》，《求是》2023年第20期。

③中共中央宣传部：《习近平文化思想学习纲要》，学习出版社、人民出版社2024年版，第32页。

由‘结合’而形成的新文化成为中国式现代化的文化形态。”[①]只有成为中国的，马克思主义才能扎根中国大地、开花结果；只有成为现代的，中华优秀传统文化才能适应现代生活、凤凰涅槃。中国式现代化有了经由“结合”而形成的新文化的滋养，才能超越古今中西、行稳致远。总之，所谓“相互成就”可以被理解为“你滋养我，我激活你”，最终达到“你中有我，我中有你”的境界，实现文化生命体的生生不息。

三、回望历史，“结合”如何筑牢道路根基？我们的社会主义充满活力的关键在哪里？

关于“两个结合”，习近平总书记先讲了前提和结果，这两条内容在逻辑上构成一组，主要是把“两个结合”作为“因变量”，探讨有哪些影响它的“自变量”。接下来的三条内容则是把“两个结合”作为自变量，探讨受它影响的“因变量”。这三条内容在时间维度上构成一组：其一，回望历史，“结合”如何筑牢道路根基？其二，放眼未来，“结合”怎样打开创新空间？其三，立足当下，“结合”如何巩固文化主体性？

在“四个自信”中，排在第一位的就是“道路自信”。对于中国特色社会主义道路，我们自信的底气从何而来？“两个结合”里面，有最根本的答案。

①习近平：《在文化传承发展座谈会上的讲话》（2023年6月2日），《求是》2023年第17期。

（一）历史终结论的兴衰与中国道路的破局

20世纪90年代初，一位日本裔美国学者弗朗西斯·福山因提出“历史终结论”而名噪一时，其理论对此后的国际政治和思想界产生了深远影响。

福山认为，随着冷战的结束和苏联的解体，“自由民主制度”（西方的民主制度和市场经济）已经成为全球唯一可行的政治和经济制度。他宣称，“自由民主制度”在意识形态上的胜利标志着“历史的终结”，即人类社会在意识形态领域的进化已经达到了终点。

他还认为，自由民主制度不仅适用于西方国家，而且具有普遍性，适用于所有国家。随着全球化的推进，自由民主制度将逐渐被世界各国接受和采纳，成为全球主导的政治和经济模式。自由民主制度的胜利意味着人类社会在意识形态上的进化已经结束，未来的主要任务将是解决技术、经济和社会问题，而不是意识形态冲突。

福山为什么在那个年代提出“历史终结论”？原因不复杂。1989年，柏林墙倒塌，东欧社会主义国家纷纷转向资本主义，1991年苏联解体。世界社会主义运动一时的曲折，在他眼里成了所谓“自由民主制度”的优越性和普遍性的最终证明。

他大概不晓得毛泽东的一句诗：“风物长宜放眼量。”[①]

冷战结束后，世界并未进入一个和平与稳定的“最后时代”，反而出现了许多新的冲突和挑战，如恐怖主义、地区冲突、经济危

①毛泽东：《七律·和柳亚子先生》。

机等。

更重要的是，他忽视或者说小看了中国这个“关键变量”。

中国成功融入了全球化，取得举世瞩目的巨大成就——人均GDP从20世纪80年代初的不到300美元提升到超过12000美元，中等收入群体超过4亿人，实现8亿人口脱贫；中国成为世界上第二大经济体和最大贸易国。但是，中国并没有也绝不会倒向他所说的西式“自由民主制度”。并且，随着时间的推移，“中国之治”和“西方之乱”形成鲜明对比。

中国用无可辩的事实，宣告了“历史终结论”的终结。据说，近年来，福山不仅承认“随着中国崛起，所谓‘历史终结论’有待进一步推敲和完善”，而且认为中国道路创造了一种新的发展模式。但是，福山对中国道路的肯定是有限度的，并未从根本上改变对社会主义中国的排斥和否定态度。①

还有一些美西方学者仍不甘心，于是从西方意识形态出发对中国的政治体制进行妖魔化，将其贬低为所谓“威权主义”。一些美西方政客更是以此为基础，散布“中国威胁论”，一有机会就攻击中国政治体制。

事实胜于雄辩，但总有人会选择性忽视。

我们管不了别人的忽视，但我们自己必须正视自己。我们要解决好“挨骂”的问题，就要讲清楚中国道路背后的“所以然”。

2021年3月在福建武夷山视察时，习近平总书记参观了当年朱熹讲学的书院——朱熹园，讲了一段发人深省的话：

---

①贺银垠、尚庆飞：《中国道路与“历史终结论”的终结》，《人民论坛》2021年第26期。

我们走中国特色社会主义道路，一定要推进马克思主义中国化。如果没有中华五千年文明，哪里有什么中国特色？如果不是中国特色，哪有我们今天这么成功的中国特色社会主义道路？我们要特别重视挖掘中华五千年文明中的精华，弘扬优秀传统文化，把其中的精华同马克思主义立场观点方法结合起来，坚定不移走中国特色社会主义道路。①

后来，新华社在报道这段话的时候，用了下面的标题——“没有中华五千年文明，哪有我们今天的成功道路”。这实际上有助于正告世界：中国之所以取得巨大成就，背后是道路选对了；中国道路之所以成功，背后是文明作支撑。

用那些看似时髦的理论来打量中国，不过是以管窥天、以蠡测海罢了！时髦虽然一时间拥趸甚众，但经不起历史的检验。而中国道路的背后，已有五千多年的历史洗礼、文明积淀。

（二）中国特色社会主义的“两个结合”密码

在文化传承发展座谈会上，习近平总书记进一步指出：

我们的社会主义为什么不一样？为什么能够生机勃勃、充满活力？关键就在于中国特色。中国特色的关键就在于“两个

① 《习近平考察朱熹园谈文化自信：没有中华五千年文明，哪有我们今天的成功道路》，https://jhsjk.people.cn/article/32058284，2021年3月23日。

结合”。[①]

放眼世界，我们的社会主义确实不一样。和谁不一样？和美西方所谓“自由民主制度”不一样，因为那不过是资本主义的代名词，说一千道一万，其维护的还是资本的利益，虽然在一定时期内会推动经济发展，但代价是社会贫富两极分化；和苏联、东欧的社会主义也不一样，这种“社会主义”将特定历史条件下形成的“斯大林模式”绝对化、教条化，导致经济、政治体制的僵化与低效，以及社会问题的积累与爆发，最终走入历史的死胡同；和北欧所谓“民主社会主义”也不一样，其高福利看似光鲜亮丽、让人羡慕，但本质是发达资本主义国家（通常是小国）通过科技、贸易、金融等优势从第三世界“赚取”巨额利润，进而“转化”为国内福利体系，这种打着社会主义招牌的资本主义，终究逃不掉资本主义特有的危机；和生态社会主义、民族社会主义等林林总总的社会主义也不一样，这些主张虽然有一定的合理性，但终归是“攻其一点，不及其余”，难以形成大气候。

习近平总书记曾强调：“社会主义并没有定于一尊、一成不变的套路”[②]。相比而言，我们的社会主义“不一样”，却能够“生机勃勃、充满活力”，为什么？原因当然可以从很多角度去归纳，但“中国特色”才是关键。如果没有“中国特色”，很难取得如此巨大的成功。

那么，如果进一步追问，“中国特色”的关键又在哪里呢？

---

①习近平：《在文化传承发展座谈会上的讲话》（2023年6月2日），《求是》2023年第17期。

②习近平：《在纪念马克思诞辰200周年大会上的讲话》（2018年5月4日），《求是》2018年第10期。

习近平总书记运用类似“设问”的修辞手法指出：“中国特色的关键就在于‘两个结合’。”这个全新的表述，进一步拓展了我们对中国道路的理解视野，将“道路自信”与“两个结合”紧密联系在一起。习近平总书记进一步强调：

> 中国特色社会主义道路首先是社会主义，这是从马克思主义那里来的；同时，中国文化中朴素的社会主义元素也提供了中国接受马克思主义的文化基础。建设中国特色社会主义，我们的道路越走越宽广、越走越坚定。①

在林林总总的社会主义派别中，我们选择的不是别的社会主义，而是科学社会主义。1848年，《共产党宣言》的发表标志着科学社会主义的诞生。它以马克思主义哲学和政治经济学为基础，揭示了资本主义社会的内在矛盾和发展规律，提出了无产阶级革命和建立社会主义社会的理论和实践路径。科学社会主义不仅为无产阶级的解放提供了理论指导，也为人类社会的发展指明了方向。

还要看到的是，中国文化中蕴藏着诸多朴素的社会主义元素：儒家经典《礼记》描绘的“大道之行也，天下为公”（《礼记·礼运》）的大同世界，与社会主义追求的社会公平高度契合；从孟子“民为贵，社稷次之”（《孟子·尽心下》）到黄宗羲的“天下为主，君为客”（《明夷待访录·原君》），都强调以民为本，为理解社会主义“人民主体”理念提供了文化渊源；历代农民起义提出的“均贫

①习近平：《在文化传承发展座谈会上的讲话》（2023年6月2日），《求是》2023年第17期。

富”诉求，以及道家“损有余而补不足”的经济思想，体现了对分配正义的朴素追求；儒家强调“克己复礼”“修齐治平”，墨家主张“兼爱”“尚同”，这种重集体、轻个体的价值取向为社会主义集体主义提供了文化土壤，等等。总之，这些朴素的社会主义元素反映了中华民族几千年来对美好社会的向往，消除了中国人接受马克思主义的思想障碍。

正是基于科学的理论指导和深厚的文化根基，正是基于“两个结合”，中国特色社会主义道路才越走越宽广、越走越坚定，才不像资本主义道路那样陷入周期性危机、内含无法克服的矛盾，也不像其他一些以社会主义为名的模式那样越走越窄、越走越没有信心，甚至走入历史的死胡同。

（三）“两个结合” 在新时代实践中的多维展开

讲完中国特色社会主义理论体系和文化基础后，习近平总书记联系现实指出：

> 在中国特色社会主义新时代，党和国家的事业之所以取得了历史性成就、发生了历史性变革，一个重要原因就是我们坚持了“两个结合”。[1]

党的十九届六中全会决议将新时代取得的成就概括为“十三个方

①习近平：《在文化传承发展座谈会上的讲话》（2023年6月2日），《求是》2023年第17期。

面”，包括坚持党的全面领导、全面从严治党、经济建设、全面深化改革开放、政治建设、全面依法治国、文化建设、社会建设、生态文明建设、国防和军队建设、维护国家安全、坚持“一国两制”和推进祖国统一，以及外交工作。

党的二十大报告总结说，我们经受住了来自政治、经济、意识形态、自然界等方面的风险挑战考验，党和国家事业取得历史性成就、发生历史性变革，推动我国迈上全面建设社会主义现代化国家新征程。

这些成就和变革的原因当然有很多，习近平总书记把坚持“两个结合”作为其中的一个重要原因。我们不妨聚焦“五位一体建设”的成就，对此略作探讨。

在经济建设方面，我们学习和实践马克思主义关于生产力和生产关系的思想，植根中华文明“经世济民”“义利兼顾”等经济伦理以及注重整体的系统思维，既充分发挥市场在资源配置中的决定性作用，又更好地发挥政府的宏观调控作用。通过宏观调控来引导产业布局、保障民生领域投入、促进区域协调发展等，有效避免了西方逐利性经济模式下市场失灵、贫富分化加剧等问题，推动实现全体人民共同富裕。坚持贯彻新发展理念，推动高质量发展，以创新、协调、绿色、开放、共享为引领，实现经济的可持续发展，培育壮大新质生产力。同时，中国近年来大力推动“一带一路”倡议，通过对外援助、技术合作、建立经贸合作区等方式，帮助众多发展中国家提升自身经济发展能力，推动构建更加公平合理的全球经济格局。

在政治建设方面，我们学习和实践马克思主义关于人民民主的思想，立足中华文明“天下为公”“民为邦本”等政治理念以及共和、商量等施政传统，不断发展和完善全过程人民民主。从民主选举、民主协商、民主决策、民主管理到民主监督，各个环节都有人民的广泛参与。人民代表大会制度作为根本政治制度，保障了人民当家作主的权利，基层民主协商则让人民能直接参与到身边事务的治理当中。全过程人民民主在民主的深度和广度上都超越了西方形式化的票选民主，避免了其政治极化、金钱政治、党争恶斗、议而不决等问题。同时，中国倡导构建人类命运共同体，通过参与和推动多边合作机制，如金砖国家合作机制、上海合作组织等，推动国际关系向更加平等和公正的方向发展，促进全球治理体系的变革和完善。

在文化建设方面，我们学习和实践马克思主义关于文化建设的思想，秉持中华文明“以文化人”“文以载道”等思想观念和革故鼎新的精神，强调文化自信是更基础、更广泛、更深厚的自信，是更基本、更深沉、更持久的力量；推动文化繁荣、建设文化强国，发展社会主义先进文化，弘扬革命文化，传承中华优秀传统文化，实现物质文明和精神文明相协调，避免西方现代化过程中物质主义膨胀、精神贫乏等痼疾。在这个过程中，大力推动中华优秀传统文化创造性转化和创新性发展，特别注重利用现代数字技术传播传统文化，让古老文明焕发新的生机与活力。同时，摒弃西方现代化进程中的文化霸权主义、文化优越论和文明冲突论，倡导文明交流互鉴，尊重世界文明多样性，推动不同文明之间的对话与合作，共建美美与共的文明百花园。

在社会建设方面，我们学习和实践马克思主义关于社会建设的思想，发扬中华文明富民厚生、家国一体、亲仁善邻等优良传统，着力解决教育、医疗、养老、就业等民生领域的重大问题，通过不断完善社会保障体系、实施精准扶贫等政策举措，努力让全体人民在幼有所育、学有所教、劳有所得、病有所医、老有所养、住有所居、弱有所扶上不断取得新进展。推进社会治理创新，构建共建共治共享的社会治理格局，运用大数据、人工智能等现代科技手段提升治理效能，促进社会公平正义，营造人民安居乐业、社会和谐有序的良好环境。这与西方现代化进程中社会治安问题频发、社区凝聚力低下、不同群体之间矛盾冲突不断等现象形成鲜明对比，为其他国家和地区在减贫和社会治理等方面提供了有益经验。

在生态文明建设方面，我们学习和实践马克思主义关于人与自然关系的思想，运用中华文明“天人合一”“万物一体”的生态智慧，创造性地提出“绿水青山就是金山银山”的理念，实现生态环境保护与经济发展的有机结合。大力推进生态文明建设，实施一系列生态修复工程，统筹山水林田湖草沙一体化保护和系统治理；积极推动绿色低碳发展，加强能源资源节约和循环利用，实现生态效益与经济效益双赢。这些举措改变了西方工业化过程中以牺牲环境为代价的发展路径，促进人与自然和谐共生。同时，在国际上积极参与全球生态治理，承诺并履行碳达峰、碳中和目标，加强与其他国家在清洁能源开发、环境保护技术交流等方面的合作。推动落实《巴黎协定》等国际生态合作协议，与一些国家退出协定的行为形成鲜明对比。

值得关注的是，我们还学习和实践马克思主义科技观，汲取中华文明突出的创新性和众志成城的团结精神，完善新型举国体制，中国在人工智能、量子计算、生物技术、新能源等前沿领域实现技术的自主可控和跨越发展，打破国外技术垄断。中国提出《国际科技合作倡议》，通过建设开放的科研平台、共享数据库等，促进科技资源在全球范围内的流动和共享，降低科技创新的成本和门槛，让更多国家和地区能够受益于科技进步，并推动运用科技进步解决气候变化、卫生健康、环境保护、能源安全、粮食安全等全球性问题，充分彰显了中华文明的天下胸襟和责任担当。

基于丰富的实践探索，习近平总书记总结说：

> 中国特色社会主义道路是在马克思主义指导下走出来的，也是从五千多年中华文明史中走出来的；“第二个结合”让中国特色社会主义道路有了更加宏阔深远的历史纵深，拓展了中国特色社会主义道路的文化根基。[①]

我们的道路之所以叫“中国特色社会主义道路”，绝不仅仅是因为其在地理空间意义上“在中国”，也不仅仅意味着社会主义的普遍性施于中华大地的特殊性，而是基于这条道路具有深厚的中华文明底蕴。而让“中国特色社会主义”和“中华文明”产生有机联系的理论纽带，则是“第二个结合”；基于这种结合，中国特色社会主义道路得以更加名正言顺、全面系统地把根扎进五千年文明的土壤之中，去获得丰厚的滋养；这条道路有了更加宏阔深远的历史纵深，就能更加自信从容、行稳致远。如果没有“第二个结合”，我们就会陷入“抛却自家无尽藏，沿门托钵效贫儿”的尴尬境地。

由此，亦足见“第二个结合”作为一项理论创新的千钧之重！

---

①习近平：《在文化传承发展座谈会上的讲话》（2023年6月2日），《求是》2023年第17期。

（四）中国式现代化：旧邦新命的文明复兴之路

习近平总书记在庆祝中国共产党成立100周年大会上提出：

> 我们坚持和发展中国特色社会主义，推动物质文明、政治文明、精神文明、社会文明、生态文明协调发展，创造了中国式现代化新道路，创造了人类文明新形态。[①]

一年后的党的二十大上，习近平总书记宣告：

> 从现在起，中国共产党的中心任务就是团结带领全国各族人民全面建成社会主义现代化强国、实现第二个百年奋斗目标，以中国式现代化全面推进中华民族伟大复兴。[②]

由此，“中国式现代化”作为一个高频词进入人们的视野。

现代化（Modernization）被认为是一个多维度、多层次的概念，通常指一个国家或社会从传统的农业社会向现代工业社会转变的过程。这一过程涉及经济、政治、文化、社会等多个领域的深刻变革，旨在实现社会的全面进步和人民生活水平的显著提高。在有关现代化

①习近平：《在庆祝中国共产党成立100周年大会上的讲话》（2021年7月1日），《求是》2021年第14期。

②习近平：《高举中国特色社会主义伟大旗帜　为全面建设社会主义现代化国家而团结奋斗——在中国共产党第二十次全国代表大会上的报告》（2022年10月16日），《人民日报》2022年10月26日第1版。

的一般性叙事中，传统和现代被认为是对立的，只有告别传统，才能拥抱现代；西方与非西方也被认为是对立的，非西方世界只有学习西方经验，才能迈入现代。

但是，新时代的中国人，在“现代化”前面坚定地加上了“中国式”三个字。在文化传承发展座谈会上，习近平总书记解释说：

> 中国式现代化是强国建设、民族复兴的康庄大道。中国式现代化赋予中华文明以现代力量，中华文明赋予中国式现代化以深厚底蕴。中国式现代化是赓续古老文明的现代化，而不是消灭古老文明的现代化；是从中华大地长出来的现代化，不是照搬照抄其他国家的现代化；是文明更新的结果，不是文明断裂的产物。中国式现代化是中华民族的旧邦新命，必将推动中华文明重焕荣光。①

在这里，“旧邦新命”这个古老的词语，成为我们理解中国式现代化的意象框架。该词出自《诗经》，原文是“周虽旧邦，其命维新”（《诗经·大雅·文王》），就是说周原本是一个历史悠久的邦国，但周文王即位后，革故鼎新，励精图治，让周承接了新的天命，最终取代了殷商。

抗日战争胜利后，冯友兰曾经在《西南联大纪念碑》碑文中写道：“盖并世列强，虽新而不古；希腊罗马，有古而无今。惟我国家，亘古亘今，亦新亦旧，斯所谓‘周虽旧邦，其命维新’者

①习近平：《在文化传承发展座谈会上的讲话》（2023年6月2日），《求是》2023年第17期。

也！”[①]就是说，当时世界上的诸多强国，虽然气象很新，但缺乏深厚的古代渊源。希腊罗马之类的国家，虽然在古代盛极一时，但今天已经衰落。只有中国能够穿越漫长的历史，在不断更新中保持连续性。冯友兰对此用“周虽旧邦，其命维新”加以形容。冯先生在晚年还作过一副对联：“阐旧邦以辅新命，极高明而道中庸。”[②]他用这副对联来形容自己毕生的使命与追求的境界。

习近平总书记在这段讲话中，创造性地把中国式现代化称作“中华民族的旧邦新命”，为“旧邦新命”这个古老的观念注入崭新的时代内涵，也把中国式现代化置于悠久的历史时空。

2500年前，有一天，孔子到卫国去，冉有为老师驾车。

孔子看到卫国街头人头攒动，不禁感慨：“庶矣哉！”人真多，真好！冉有抓住机会，问老师：“既庶矣，又何加焉？”人口很多，接下来怎么办？其实，一个共同体如果人口多了，可以有很多选项，比如，找个神灵来拜，搞神权政治；或者组团出去抢其他人，搞武力征服，等等。但是，孔子的回答却非常朴实：“富之。”要想办法让老百姓在物质上先富裕起来。

冉有继续追问：“既富矣，又何加焉？”富裕了之后，接下来又该怎么办？其实，一个共同体不是物质富裕就万事大吉，富裕之后的矛盾和烦恼可能更多——物质贫乏的时候，人们还会憋着一股子劲去干活，为吃饱饭而努力；但一旦富裕了，一些人就不知干啥了，于是相互之间没事找事，制造社会矛盾；或者抑郁了、空虚了，生活失去意义，于是从鬼神那里祈求心灵慰藉。那么，孔子如何回答呢？同样朴

①刘宜庆：《绝代风流——西南联大生活录》，辽宁人民出版社2020年版，第378页。
②冯友兰：《贞元六书》（下卷），商务印书馆2023年版，第969页。

实而干脆：“教之。”（《论语·子路》）用什么来教？这就离不开文化的意义。

党的二十大报告总结了中国式现代化的五个“中国特色”，其中前三个分别是“人口规模巨大的现代化”“全体人民共同富裕的现代化”“物质文明和精神文明相协调的现代化”，正好与孔子所说的“庶、富、教”三部曲异曲同工、高度契合！只有孔子有这样的思路吗？不是。另一位影响深远的人物管子也说过：“仓廪实而知礼节，衣食足而知荣辱。”（《管子·牧民》）

有时候忍不住遐想：如果冉有当年继续向孔子追问，会得到什么答案？但不管怎样，后两条“中国特色”同样根植于文明深处：“人与自然和谐共生的现代化”体现了中华文明天人合一、道法自然的古老智慧，“走和平发展道路的现代化”则彰显了中华文明突出的和平性，体现了协和万邦、成己达人的天下胸怀。

孔子、管子所处的时代是农耕时代，我们今天已经来到后工业时代，中间隔了两千五百多年的悠悠岁月。但是，不管世事如何变迁，中华民族基于自身文明根性去面对周遭世界的时候，对整体生活所做的规划，却共享着同样的底层文明逻辑！

中国式现代化的理论和实践，不仅打破了长期以来“现代化=西方化”的迷思，而且弥合了传统与现代的断裂。中国式现代化深深根植于中华优秀传统文化，体现了中华文明如何理解人的存在（包括物质性和精神性的存在，以及人与人的共在）、如何理解人与自然的关系、如何理解自我与周遭世界的关系，内蕴一种跨越古今、横贯中西的恢宏文明视野。

而这种文明视野之所以能够在新时代得以充分打开，端赖“两个结合”特别是“第二个结合”的法宝作用。

四、放眼未来，“结合”怎样打开创新空间？为什么说“第二个结合”是又一次的思想解放？

“两个结合”的意义，不仅在于证明中国道路的合理性、正当性和有效性，作为“最大法宝”，其更重要的意义在于产生改变现实的巨大力量。

在文化传承发展座谈会上，习近平总书记强调“‘结合’打开了创新空间”，并开宗明义地指出“‘结合’本身就是创新，同时又开启了广阔的理论和实践创新空间”[①]。这意味着“结合”既是创新的产物，又是创新的动能。习近平总书记曾说：“我们推进理论创新是实践基础上的理论创新，而不是坐在象牙塔内的空想，必须坚持在实践中发现真理、发展真理，用实践来实现真理、检验真理。”[②]

（一）“第二个结合”：掌握思想文化主动权的理论密钥

在“两个结合”中，“第二个结合”更加直接地体现了我们党理论创新的勇气。对于这个结合的意义，习近平总书记指出：“‘第二个结合’让我们掌握了思想和文化主动，并有力地作用于道路、理论

①习近平：《在文化传承发展座谈会上的讲话》（2023年6月2日），《求是》2023年第17期。

②习近平：《开辟马克思主义中国化时代化新境界》，《求是》2023年第20期。

和制度。”①

如果丧失思想和文化主动权，跟在别人后面亦步亦趋，最后只能丢掉自我，甚至让国家和民族陷入万劫不复的境地。习近平总书记曾说：

当代中国的伟大社会变革，不是简单延续我国历史文化的母版，不是简单套用马克思主义经典作家设想的模板，不是其他国家社会主义实践的再版，也不是国外现代化发展的翻版，不可能找到现成的教科书。②

因此，只有掌握思想和文化主动权，才能自信地坚持自己的道路、理论和制度，并根据实践的发展不断创新创造，逢山开路，遇水搭桥，乱云飞渡仍从容。习近平总书记指出：

从这个角度看，我们党开创的人民代表大会制度、政治协商制度，与中华文明的民本思想，天下共治理念，“共和”、“商量”的施政传统，“兼容并包、求同存异”的政治智慧都有深刻关联。我们没有搞联邦制、邦联制，确立了单一制国家形式，实行民族区域自治制度，就是顺应向内凝聚、多元一体的中华民族发展大趋势，承继九州共贯、六合同风、四海一家的中国文化大

①习近平：《在文化传承发展座谈会上的讲话》（2023年6月2日），《求是》2023年第17期。

②习近平：《在哲学社会科学工作座谈会上的讲话》（2016年5月17日），《人民日报》2016年5月19日第2版。

一统传统。[①]

具体来说，民本思想强调“民惟邦本，本固邦宁”（《尚书·五子之歌》），主张“政之所兴在顺民心，政之所废在逆民心”（《管子·牧民》），今天我们主张尊重民意、顺应民心；天下共治理念在古代主要指士大夫与君主共治天下，其思想基础是“天下非一人之天下也，天下之天下也”（《吕氏春秋·贵公》），今天我们强调人大代表、政协委员要具备广泛的代表性；“共和”“商量”的施政传统是在尊重各个方面的意见和看法的基础上，通过丰富的“议政”形式商量出一致意见，今天我们践行协商民主、全过程人民民主，强调有事好商量、众人的事由众人商量；“兼容并包、求同存异”的政治智慧一方面尊重差异性，另一方面强调共同性，追求差异中的和谐，今天我们提倡各抒己见、畅所欲言，允许充分表达不同意见和建议。

另外，中华民族是各民族长期交往交流交融的结果，其强大的文化凝聚力让“多元”没有走向分散，而是凝成“一体”。中华民族自古以来就把大一统看作是“天地之常经，古今之通义”（《汉书·董仲舒传》），从各个角度强调团结统一的重要性。正是基于对自身历史和文化的高度自觉，我们摒弃了松散的联邦制、邦联制，确立单一制国家形式并实行民族区域自治制度，让各民族在统一的国家框架内团结协作、共同发展。

对于习近平总书记上面这段重要论述的意义，如此简单地解释一下就够了吗？远远不够。

---

①习近平：《在文化传承发展座谈会上的讲话》（2023年6月2日），《求是》2023年第17期。

长期以来，对于人民代表大会制度、政治协商制度以及单一制国家形式、民族区域自治制度等，我们更多是从一百多年的党史、七十多年的新中国史、四十多年的改革开放史等角度，去分析这些制度的历史脉络、形成原因、运作机制、制度效能等。众多相关的研究成果有助于我们比较系统地理解这些制度，但也带来较大的思维定势，无法满足新时代的需要。而习近平总书记这段重要论述，为我们开启了理解这些制度的全新视角，将它们与中华文明的理念、智慧、传统、秉性更加深刻地关联在一起，开启了广阔的理论创新空间；同时，还要以创新理论为指导，更加自觉地运用中华文明的思想资源，围绕这些制度进行实践创新，去适应未来的变革。

换句话说，对于这些重要制度，此前的理解是远远不够的！那么，靠什么提升理解的维度、拓展研究的范围？非“第二个结合”莫属。

但是，意义仅止于此吗？仅仅是把上面这些制度解释清楚就够了吗？

还不够。这段重要论述最终的意义，在于以这些重要制度为例，说明“第二个结合”如何让我们掌握思想和文化主动，并作用于中国特色社会主义政治建设，在这个过程中彰显出高度的文化主体性。这才能将“第二个结合”的意义从特殊上升为普遍。

否则，是难以被称为“最大法宝”的！

事实上，这个“最大法宝”的作用，在它被正式提出来之前就已经开始显现。2019年10月，在党的十九届四中全会第二次全体会议上，习近平总书记指出：

中国特色社会主义制度和国家治理体系具有深厚的历史底蕴。在几千年的历史演进中，中华民族创造了灿烂的古代文明，形成了关于国家制度和国家治理的丰富思想，包括大道之行、天下为公的大同理想，六合同风、四海一家的大一统传统，德主刑辅、以德化人的德治主张，民贵君轻、政在养民的民本思想，等贵贱均贫富、损有余补不足的平等观念，法不阿贵、绳不挠曲的正义追求，孝悌忠信、礼义廉耻的道德操守，任人唯贤、选贤与能的用人标准，周虽旧邦、其命维新的改革精神，亲仁善邻、协和万邦的外交之道，以和为贵、好战必亡的和平理念，等等。这些思想中的精华是中华优秀传统文化的重要组成部分，也是中华民族精神的重要内容。①

对于上述思想中的一些内容，此前人们倾向于从负面角度去解读，认为其中有所谓的“封建糟粕”，但时间一久就忘了与“弃其糟粕”如影随形的“取其精华”。习近平总书记强调“这些思想中的精华是中华优秀传统文化的重要组成部分”，实际上是提醒人们要把此前忽略的“取其精华”的工作拾起来，做下去。党的十九届四中全会公报还特别提到中国特色社会主义制度和国家治理体系“具有深厚中华文化根基”，提到中华民族时强调其“拥有五千多年文明史”②，都展现出广阔的文化视野和深邃的文明意识。

---

①习近平：《坚持和完善中国特色社会主义制度　推进国家治理体系和治理能力现代化》，《求是》2020年第1期。

②《中国共产党第十九届中央委员会第四次全体会议公报》（2019年10月31日），《人民日报》2019年11月1日第1版。

（二）“又一次的思想解放”：破除“马教条”与“洋教条”的双重桎梏

在文化传承发展座谈会上，做了上述铺垫后，习近平总书记接着讲了一句蕴含千钧之力的话：

> 更重要的是，“第二个结合”是又一次的思想解放，让我们能够在更广阔的文化空间中，充分运用中华优秀传统文化的宝贵资源，探索面向未来的理论和制度创新。①

这里用“又一次的思想解放”来评价“第二个结合”，分量很重。所谓“思想解放”，意味着打破旧有的、僵化的思想观念、思维定势以及传统认知模式的束缚，以更加开放、创新、符合客观实际和时代发展要求的新思想、新观念来认识世界、思考问题以及指导实践。在党的话语体系中，“思想解放”不是一般性概念，而是具有特定的政治内涵。不同阶段的思想解放运动都契合当时的历史背景，解决了关键的思想问题，为党和国家的持续发展提供了强大的思想动力。

关于具体的思想解放运动，学界有一些略有差异的概括。就改革开放以来，1978年的真理标准大讨论（突破“两个凡是”），1992年的“南方谈话”（打破“姓社姓资”争论），以及1997年党的十五大确立所有制改革（解决“姓公姓私”争议），通常都被归为思想解

①习近平：《在文化传承发展座谈会上的讲话》(2023年6月2日)，《求是》2023年第17期。

放。“第二个结合”之所以被视作“又一次的思想解放”，同样在于其解决了关键的思想问题：如何破除“马教条”和“洋教条”。

一方面，毋庸讳言，由于种种原因，不少人长期以来把马克思主义视作外来的先进思想理论，把中国传统文化视作本土的落后历史遗产，进而将二者简单对立起来。一些人以教条化的马克思主义为标准，给中国传统文化笼统地贴上“封建”“专制”之类的标签。中国传统文化当然难免有这些因素，但同样有大量合理成分，其中积淀着一以贯之的民族精神，蕴藏着“百姓日用而不知”的价值观念。“马教条”既违背了唯物辩证法，也丧失了与时俱进的理论品质。

如果把马克思主义和中国传统文化简单对立，那么马克思主义终将因缺乏文化生命力而变得抽象化、空泛化，难以真正实现中国化时代化，更难以走进中国人的内心深处；中国传统文化也将因为意识形态障碍而难以顺利跨入现代，最终变成博物馆式的历史遗存，不能为中华民族提供安身立命的精神家园。

另一方面，近代以来，由于“西风压倒东风”，一些中国人陷入“文化自卑”心理。二战之后，以美国为首的西方发达国家，大肆向非西方国家推销其“普世价值”，进行文化渗透。近些年来，面对中国经济的长期快速增长和综合国力的不断提升，一些美西方国家基于“零和博弈”的思维深感恐惧，于是加紧向中国输入历史虚无主义、文化虚无主义以及新自由主义、极端民族主义、后现代主义等看似“摩登”的“洋教条”，试图瓦解中国人的历史认同和文化共识。

受此类“洋教条”的影响，一些人对民族文化缺乏自信，对西方文化充满迷信。“不自信束缚了自主性和创造力，迷信成了灵魂铁箍和精神枷锁。”“由于迷信西方，只能到人家的思想库中去东挑西拣。”[①]

（三）从“曲阜之行”到理论创新：以文化自觉打破观念枷锁

随着经济社会的发展，在实现物质富足之后，人们必将产生巨大的精神文化需求。如果精神家园长期缺失，如果教条和迷信大行其道，不仅会影响到社会风气和道德状况，还会导致精神上丧失独立自主。

早在2012年12月，习近平同志在广东考察期间——这是他担任总书记后第一次出京考察，就表示：“中华民族有着五千多年的文明史，创造和传承下来丰富的优秀文化传统。一方面，随着实践发展和社会进步，我们要创造更为先进的文化。另一方面，在历史进程中凝聚下来的优秀文化传统，绝不会随着时间推移而变成落后的东西。我们绝不可抛弃中华民族的优秀文化传统，恰恰相反，我们要很好传承和弘扬，因为这是我们民族的‘根’和‘魂’，丢了这个‘根’和‘魂’，就没有根基了。”[②]自上任伊始，习近平总书记就强调中华优秀传统文化的重大价值和意义。

2013年11月，习近平总书记视察曲阜，并在孔子研究院举行座谈会。听完大家的发言，习近平总书记在讲话一开篇就开宗明义地说：“我这次来，到曲阜，到孔子研究院，就是要发出一个信息，体

---

①张允熠：《从“又一次的思想解放”看“第二个结合”》，《学习时报》2023年9月4日第2版。

②习近平：《在广东考察工作时的讲话》（2012年12月7日—11日），载《习近平新时代中国特色社会主义思想专题摘编》，党建读物出版社、中央文献出版社2023年版，第324页。

现中央弘扬传统文化，建设社会主义核心价值体系的决心。”在讲话的末尾，习近平总书记再次强调：“我这次来曲阜，就是要发出一个信息，要大力弘扬中国传统文化。”[①]

言之谆谆，语重心长。

曾经担任全国人大常委会副委员长的许嘉璐先生当时就敏锐地指出，习近平“曲阜之行”与邓小平“南方谈话”具有同等重要的意义，是人文社科领域的一次“拨乱反正”和“思想解放”。邓小平的“南方谈话”解决了经济领域的“姓社”“姓资”的问题，认为社会主义和市场经济能够兼容；习近平的“曲阜之行”解决了人文社科领域的“姓孔”和“姓马”的对立问题，实际上提出了马克思主义与儒学的关系问题。[②]

面对“马教条”和“洋教条”，习近平总书记在多次讲话中不遗余力地予以批驳。

针对“马教条”，习近平总书记曾引用恩格斯的话，强调马克思提供的不是现成的教条，而是进一步研究的出发点和供这种研究使用的方法。只有走出“马教条”，真正运用马克思主义的科学方法，才能发现并激活中华优秀传统文化的现代价值。

针对“洋教条”，习近平总书记指出，“如果‘以洋为尊’、‘以洋为美’、‘唯洋是从’，跟在别人后面亦步亦趋、东施效颦，热衷于

---

①刘续兵：《我经历的文化“两创”这十年》，https：//mp.weixin.qq.com/s？__biz=MzIwMjQzOTEwNw == &mid=2247516290&idx = 1&sn = bf681d262245468a5455f6559f6a39f1&chksm = 96dc602ea1abe938bb34e1607eea1568347dcadc51c92c38c73d41ca38c07b3035bbd8a26230&scene = 27，2023年11月20日。

②《许嘉璐出席山东人文社科研究协作体年会》，http：//edu.people.com.cn/n/2014/0126/c1053-24233605.html，2014年1月26日。

‘去思想化’、‘去价值化’、‘去历史化’、‘去中国化’、‘去主流化’那一套，绝对是没有前途的！”[①]当然，这并不意味着我们就“谈洋色变”，而是要在坚定文化自信的基础上秉持开放包容的态度，更加积极主动地学习借鉴人类创造的一切优秀文明成果。

总之，只有坚持“第二个结合”，我们才能像前几次思想解放打破生产力发展的桎梏一样，一并打破“马教条”“洋教条”造成的观念误区和思想桎梏，大胆走出面对中华优秀传统文化时的防范心理和负面情绪，才能开辟出一片更加广阔的文化空间。进而，在马克思主义立场观点方法的科学指导下，理直气壮地坚守中华文化立场，磊落大方地充分运用中华优秀传统文化的宝贵资源，探索面向未来的理论和制度创新。也只有这样，才能更进一步掌握思想和文化主动权。

（四）符号与实践：思想解放视域下的文化场景重构

基于这种“思想解放”的背景，一些变化近年来悄然发生。

2017年3月，来自文化艺术界的嘉宾和中央党校师生代表，在掠燕湖北端举行了《问道》雕塑揭幕仪式。在这个安放着多位革命导师和领袖雕塑的校园里，孔子像和老子像同时被安放进来。时任中央党校常务副校长指出，《问道》选取《史记·老子韩非列传》中记载的孔子问道于老子的故事场景，反映了孔老问道这一历史典故丰富的内涵。这件作品放置在依山傍水的掠燕湖畔，可以让党校的学员和教职工时时感受孔子、老子两位圣贤儒雅、质朴的精神风范，感受中国优

①中共中央宣传部：《习近平文化思想学习纲要》，学习出版社、人民出版社2024年版，第46—47页。

秀传统文化，是很有意义的。

又过了不到两年，2019年初，中央党校南校区——国家行政学院的校园里也安置了一尊孔子雕塑。就在这一年，有学者因为这两桩事写了一篇文章，其中提到一件往事：

> “孔子”被请进中央党校的大院内“安家落户”，放在以前，很多同志连想都不敢想。二十多年前，在一次学术会议上，著名中国哲学史家张岱年先生问在中央党校工作多年、专业从事中国传统文化研究和教学的王杰教授：中央党校校园内，能不能有可能立一个孔子像？王杰教授回答说：“不可能！现在瓜不熟、蒂不落。不过，我相信以后‘孔子’一定能进到党校内。”①

为什么这事儿很多同志以前连想都不敢想？因为思想上的桎梏曾经长期真实地存在。即便党校立了孔子像，还是会有人疑惑：中国共产党是经过新文化运动和五四运动的洗礼而成立的，五四时期是要“打倒孔家店”的②。不到一百年间，孔子像却被请到党校校园里了，这该如何理解呢？会造成不必要的误解吗？

就像前面提到的，文艺往往能够发出时代之先声。

2021年，正是在中国共产党成立100周年之际，有一部现象级电视剧横空出世，那就是《觉醒年代》。该剧中有不少内容，都是在探

①朱康有：《从孔子雕塑“落户”中央党校（国家行政学院）说起》，http：//msgc.chinareports.org.cn/index.php/msgc/news/2192.html，2019年7月15日。

②严格而言当时只是说“打孔家店”，而不是“打倒”。但从宽泛的意义上而言，“打倒孔家店”的说法在当时也能成立。

讨陈独秀、李大钊以及青年毛泽东如何看待传统文化（当时叫“中国旧学”）。

在陈独秀和其长子陈延年之间一段饶有趣味的对话中，陈独秀有这么一段台词：“中国旧学是世界学术中的一部分，儒家孔学是中国旧学中的一部分。孔教三纲是孔学中的一部分，甚至是很小的一部分。对于孔学本分之内的价值存在，我们并不反对。我们反对将一部分中的一部分的一部分的孔教三纲尊为道统，我们也反对将全体的全体的全体的中国旧学都一起踩在脚下，说得分文不值。”[1]

在这里，“对于孔学本分之内的价值存在，我们并不反对”一句最为关键，反映出陈独秀对待孔子的基本态度。

不妨再看一段台词：

毛泽东：您真的认为中国的根本问题是落后的文化传统问题吗？

陈独秀：非也，中国落后的不是文化，是缺乏指导社会持续发展的理论，科学理论。

毛泽东：那二位先生为什么要用这么大的精力去抨击旧文化呢？

陈独秀：因为它压制和阻碍了科学和民主的生成啊！更重要的是，有些人要把它奉为救国治国的指导思想。你不打倒它，新的理论就无法立足。所谓不破不立，就是这个道理。

毛泽东：那看来，二位先生并非要全盘否定传统文化。

①根据电视剧《觉醒年代》第32集内容整理。

陈独秀：那当然不是。中国传统文化博大精深，谁也否定不了。假以时日，国泰民安了，我倒很乐意在故纸堆里安度晚年，那是一件多么惬意的事情啊！

李大钊：我跟你的愿望出奇地一致。所以润之，当务之急，是为我们中国寻找新的科学理论。[①]

当然，肯定会有人说，这些对话不过是电视剧的编剧虚构出来的罢了，怎能当真？这样说就有些武断了。据了解，作为一部主旋律电视剧，《觉醒年代》主创团队在考证方面下了很大功夫。虽然这些对话场景确实是艺术加工，但是其中每个人的观点，基本上都有相应的史料支撑。

然而，更值得注意的是，这部电视剧是2021年热播的——由于实在太火，这部剧相关热词还被评为2021年十大“网络热词”之首。而“两个结合”正是2021年7月1日，习近平总书记在庆祝中国共产党成立100周年大会上提出的。

同声相应，同气相求。在某种意义上，这部剧的制作与播出，何尝不是“又一次的思想解放”的产物和环节！

①根据电视剧《觉醒年代》第25集内容整理。

五、立足当下，“结合”如何巩固文化主体性？为什么习近平新时代中国特色社会主义思想的创立就是这一文化主体性的最有力体现？

关于“两个结合”的重大意义，最后一点是“结合”巩固了文化主体性。我们在前面曾经回望历史、放眼未来，而这一条可以说是我们把目光收回到当下，从“两个结合”中得到的最大启示之一。在某种意义上，这一条也具有“压轴”的意义。

那么，什么是文化主体性？“结合”如何巩固文化主体性呢？

（一）文化自信的根基：文化主体性的内涵与意义

在文化传承发展座谈会上，习近平总书记强调：

> 任何文化要立得住、行得远，要有引领力、凝聚力、塑造力、辐射力，就必须有自己的主体性。①

放眼历史和世界，对于任何一个文化来说，要想实现自身的发展，要想产生重要的影响，就必须注重自身的主体性。“皮之不存，毛将焉附”，如果丧失文化主体性，这种文化就难以实现自身的再生

①习近平：《在文化传承发展座谈会上的讲话》（2023年6月2日），《求是》2023年第17期。

产，难以形成对外的影响力。习近平总书记继续指出：

> 中国共产党历来重视文化，新时代我们在道路自信、理论自信、制度自信的基础上增加了文化自信。文化自信就来自我们的文化主体性。①

党的十八大以来，中国特色社会主义进入新时代，习近平总书记以深沉的文化自觉、民族情怀和历史担当精神，强调坚定文化自信的重要性。在党的十八大报告强调的“三个自信”的基础上，习近平总书记于2016年在庆祝中国共产党成立95周年大会上提出文化自信，形成“四个自信”的完整表述。2017年，党的十九大正式将“四个自信”写入报告。关于“文化自信”，《中共中央关于党的百年奋斗重大成就和历史经验的决议》总结说：

> 文化自信是更基础、更广泛、更深厚的自信，是一个国家、一个民族发展中最基本、最深沉、最持久的力量。②

这段表述被学者们概括为“三个更”“三个最”。“更”带有“比较级”的意味，主要是相对于前三个自信来说的：不论是道路、理论还是制度，其基础都包含文化要素，因此文化自信“更基础”。文化自信渗透在道路自信、理论自信、制度自信之中，因此文化自信“更

---

①习近平：《在文化传承发展座谈会上的讲话》（2023年6月2日），《求是》2023年第17期。

②《中共中央关于党的百年奋斗重大成就和历史经验的决议》（2021年11月11日中国共产党第十九届中央委员会第六次全体会议通过），《人民日报》2021年11月17日第1版。

广泛”；相对道路、理论和制度，文化发挥的作用更深刻、厚重，因此文化自信“更深厚”。“三个最”带有“最高级”的意味，概括了文化自信对一个国家和民族发展的重要意义。文化认同是国家认同和民族认同的根基，通常以“百姓日用而不知”的方式塑造一个国家和民族的凝聚力，并且这种凝聚力在历史上通常还能经受住一次次挑战而牢不可破、长久延续，让人们形成“我群”的认同，因此文化自信是一种“最基本、最深沉、最持久的力量”。

文化自信的提出，极大地提振了中华民族的自信心和自豪感。但是，文化自信不能只被当作一个激励人心的口号，它必须有更坚实的基础。习近平总书记强调：“文化自信就来自我们的文化主体性”，这进一步拓展了我们理解文化自信的视野。

《纲要》对文化主体性的含义进行了简要说明：“文化主体性反映了一个国家和民族对自身文化的自觉意识和进行文化创新创造的主动精神。”[①]这里的关键词是“自觉意识”和“主动精神”。“对自身文化的自觉意识”就是要意识到自身文化不同于其他文化，要保持自身的“同一性”，否则容易丧失自我特性；“进行文化创新创造的主动精神”就是要随着环境和条件的变化而不断自我调适，要保证对外部环境的“适应性”，否则文化容易中断或灭绝。正是在这种“常”和“变”的适度张力中，文化主体性得以生成，并为文化自信提供根本依托。

---

①中共中央宣传部：《习近平文化思想学习纲要》，学习出版社、人民出版社2024年版，第44页。

（二）文化主体性的建立路径：党的领导与“两个结合”

文化主体性至关重要。那么，我们的文化主体性是怎样建立起来的呢？习近平总书记接着梳理说：

> 这一主体性是中国共产党带领中国人民在中国大地上建立起来的；是在创造性转化、创新性发展中华优秀传统文化，继承革命文化，发展社会主义先进文化的基础上，借鉴吸收人类一切优秀文明成果的基础上建立起来的；是通过把马克思主义基本原理同中国具体实际、同中华优秀传统文化相结合建立起来的。[①]

这一段讲了三条内容。

第一条揭示了我们建立文化主体性的担纲者和地域。前者是“中国共产党带领中国人民”，而不是别的政治力量；后者是“中国大地”，而不是像某些民族那样丢失了自己的发源地。在党的十九大报告的结尾处，字里行间就透露出这种文化主体性：

> 大道之行，天下为公。站立在九百六十多万平方公里的广袤土地上，吸吮着五千多年中华民族漫长奋斗积累的文化养分，拥有十三亿多中国人民聚合的磅礴之力，我们走中国特色社会主义道路，具有无比广阔的时代舞台，具有无比深厚的历史底蕴，具

①习近平：《在文化传承发展座谈会上的讲话》（2023年6月2日），《求是》2023年第17期。

有无比强大的前进定力。[①]

第二条阐述了我们建立文化主体性的思想基础，以及对不同思想资源的运用方式。第一个“基础”涵盖对中华优秀传统文化的“两创”（创造性转化、创新性发展）、对革命文化的继承，对社会主义先进文化的发展；第二个“基础”则是对人类一切优秀文明成果的借鉴吸收。

中华优秀传统文化是指在中华民族漫长历史发展过程中形成的、具有深厚底蕴和广泛影响的文化体系。它包括哲学、文学、艺术、伦理道德、科技等多个领域，体现了中华民族的智慧和精神追求。中华优秀传统文化是中国特色社会主义文化的重要根基，为中华民族的生存和发展提供了精神支撑。它不仅丰富了中国人民的精神世界，也为人类文明的发展贡献了智慧和力量。

革命文化是中国共产党在领导中国人民进行革命斗争过程中形成的文化体系。它包括革命精神、革命传统、革命理论等多个方面，体现了中国共产党人的理想信念和奋斗精神。革命文化为中国特色社会主义事业提供了强大的精神动力。它不仅激励了中国人民在革命时期奋勇向前，也在新时代继续激励着中国人民为实现中华民族伟大复兴的中国梦而努力奋斗。

社会主义先进文化是中国共产党在社会主义建设和改革过程中形成的文化体系。它包括社会主义核心价值观、社会主义精神文明建设、文化创新等多个方面，体现了社会主义制度的优越性和先进性。

①习近平：《决胜全面建成小康社会 夺取新时代中国特色社会主义伟大胜利——在中国共产党第十九次全国代表大会上的报告》（2017年10月18日），《人民日报》2017年10月28日第1版。

社会主义先进文化是中国特色社会主义事业的重要组成部分，为社会主义现代化建设提供了强大的精神动力。它不仅丰富了中国人民的精神生活，也为人类文明的发展贡献了中国智慧和中国方案。

中华优秀传统文化强调和谐共生、道德修养，革命文化强调奋斗精神、理想信念，社会主义先进文化强调核心价值观、文化创新。对中华优秀传统文化，我们强调要结合时代特点进行"两创"，不能复古守旧；对于革命文化，我们强调革命精神和革命理想不能丢，要世代继承；对于社会主义先进文化，我们强调不断发展，推进文化自信自强。总之，三者在价值取向上相互补充、有机融合，共同彰显中华民族的文化生命力，为建立文化主体性提供了重要基础。

文化主体性不仅反映对自身文化的自觉意识，还要有进行文化创新创造的主动精神。对自身的自觉离不开用他者作参照，进行创新创造更需要以他者为参照。否则，文化生命体会因为丧失新陈代谢的能力而枯萎，文化主体性便无从谈起。因此，"借鉴吸收人类一切优秀文明成果"同样成为建立文化主体性的一个基础。习近平总书记下面这段话，表达了类似的意思：

> 我们要拓宽理论视野，以海纳百川的开放胸襟学习和借鉴人类社会一切优秀文明成果，在"人类知识的总和"中汲取优秀思想文化资源来创新和发展党的理论，形成兼容并蓄、博采众长的理论大格局大气象。①

①习近平：《开辟马克思主义中国化时代化新境界》，《求是》2023年第20期。

第三条，明确了我们建立文化主体性的主要途径，那就是作为本书主题的“两个结合”。这也是“两个结合巩固了文化主体性”的直接体现。

如果没有“两个结合”，马克思主义和中华优秀传统文化就会被打成两截、相互排斥，那么我们的指导思想和文化传统就会分道扬镳，甚至“左右手互搏”，带来思想文化不断“内耗”的局面，文化主体性便无从谈起。只有坚持“两个结合”，充分挖掘马克思主义和中华优秀传统文化的内在契合性，我们才能进一步用马克思主义的真理之光激活中华文明的基因，用中华优秀传统文化充实马克思主义的文化生命，让二者通过“化学反应”而水乳交融、有机统一，造就一个有机统一的新的文化生命体；进而拓展中国特色社会主义道路的历史纵深，深化其文化根基，在道路自信中增强对自身文化的自觉意识；在“第二个结合”“又一次的思想解放”开辟的广阔文化空间，充分利用中华优秀传统文化的宝贵资源，探索面向未来的理论和制度创新，在增强理论自信和制度自信的同时，积极发挥文化创新创造的主动精神。

（三）反面镜鉴与时代映照：文化主体性的现实印证

本书第一章曾提到雷日科夫所写的《大国悲剧：苏联解体的前因后果》一书。在反思苏联解体的原因时，杜勒斯说道：

我们的悲剧就在于我们丢失了“苏维埃价值”。我们没有把过去的一切正面的东西带到新时期来。非但如此，许多与我们格格不入的、不为大多数人民所接受的教义，也被强加给我们这个社会。我们的国家缺少一种起核心作用的思想，有的只是起瓦解作用的、外来的思想和价值。①

这个“反面教材”，有助于我们更真切地理解“两个确立”——确立习近平同志党中央的核心、全党的核心地位，确立习近平新时代中国特色社会主义思想的指导地位——的决定性意义。

在文化传承发展座谈会上，习近平总书记强调：“创立新时代中国特色社会主义思想就是这一文化主体性的最有力体现。”②这里需要注意的是，不仅是习近平文化思想，而且是习近平新时代中国特色社会主义思想的整个思想体系，都是文化主体性的最有力体现。

为什么？

因为“习近平新时代中国特色社会主义思想，深深植根于中华文化的沃土之中，深刻汲取博大精深的中华优秀传统文化所蕴含的丰富哲学思想、人文精神、道德理念，是对中华优秀传统文化进行创造性转化、创新性发展的典范。……使马克思主义在中国大地焕发出新的勃勃生机”③。《中共中央关于党的百年奋斗重大成就和历史经验的决议》（以下简称《决议》）有这样的表述：

① ［俄］雷日科夫：《大国悲剧：苏联解体的前因后果》，许昌翰等译，新华出版社2008年版，第19页。

②习近平：《在文化传承发展座谈会上的讲话》（2023年6月2日），《求是》2023年第17期。

③王晓晖：《三方面理解习近平新时代中国特色社会主义思想实现了马克思主义中国化新的飞跃》，https：//baijiahao.baidu.com/s？ id=1716199784024341624&wfr=spider&for=pc，2021年11月12日。

> 以习近平同志为主要代表的中国共产党人，坚持把马克思主义基本原理同中国具体实际相结合、同中华优秀传统文化相结合，坚持毛泽东思想、邓小平理论、“三个代表”重要思想、科学发展观，深刻总结并充分运用党成立以来的历史经验，从新的实际出发，创立了习近平新时代中国特色社会主义思想……[①]

“两个结合”是习近平文化思想的重要内容，但其意义不能只在文化思想的层面来理解。该决议的这段重要表述告诉我们，“两个结合”是习近平新时代中国特色社会主义思想整个理论体系形成的基本原理。在党的二十大新闻发布会上，有发言人表示，党的二十大报告展开论述了“两个结合”，“两个结合”“是我们理解和把握习近平新时代中国特色社会主义思想的关键”[②]。

只有在这个意义上，才能理解《决议》为何强调习近平新时代中国特色社会主义思想是“中华文化和中国精神的时代精华”。

在中华文化和中国精神的时代精华中，文化主体性才能得到充分的彰显。党的十八大以来，在治国理政的过程中，习近平总书记坚持运用辩证唯物主义和历史唯物主义，坚持人民至上、自信自立、守正创新、问题导向、系统观念、胸怀天下的立场观点方法，以“遵道而行”“以道驭器”的思维坚定对中国特色社会主义道路的信心，以“革故鼎新”“反求诸己”的勇气推进党的自我革命，以“察势者明，

① 《中共中央关于党的百年奋斗重大成就和历史经验的决议》（2021年11月11日中国共产党第十九届中央委员会第六次全体会议通过），《人民日报》2021年11月17日第1版。

② 《中共中央举行新闻发布会 介绍解读党的二十大报告（视频文字实录）》，https://www.12371.cn/2022/10/24/ARTI1666601274734566.shtml，2022年10月24日。

趋势者智”的智慧观大势、谋大事、定大局，以“周虽旧邦，其命维新”的精神推进全面深化改革，以“奉法为重”“为政以德”的思想在全面依法治国的同时坚持以德治国，以“重典治乱、去疴除弊”的气魄推进反腐败斗争，以“民为邦本”“天下为公”的理想强调“人民至上”、促进共同富裕，以“天人合一”“道法自然”的底蕴阐明新发展理念，以“生于忧患，死于安乐”的警觉提出总体国家安全观，以“天下一家”“协和万邦”的理念推动构建人类命运共同体，以“我将无我，不负人民”的赤子情怀强化使命担当……由此，不断淬炼中华文化和中国精神的时代精华，有效巩固我们的文化主体性。

（四）文化主体性的多维价值

在这部分的最后，习近平总书记高度强调文化主体性的重要意义：

> 有了文化主体性，就有了文化意义上坚定的自我，文化自信就有了根本依托，中国共产党就有了引领时代的强大文化力量，中华民族和中国人民就有了国家认同的坚实文化基础，中华文明就有了和世界其他文明交流互鉴的鲜明文化特性。①

这里分别从中国共产党、中华民族和中国人民、中华文明三个方

①习近平：《在文化传承发展座谈会上的讲话》（2023年6月2日），《求是》2023年第17期。

面对文化主体性的意义作了精辟的概括。第一，中国共产党要引领时代，除了思想引领、政治引领，还有文化引领的维度，这离不开文化主体性的挺立；第二，中华民族和中国人民的国家认同，不仅需要政治基础，也需要文化基础，才能更加牢不可破，这同样离不开文化主体性的作用；第三，中华文明要通过与世界其他文明交流互鉴，在世界文明百花园中绚丽绽放，就必须拥有鲜明的文化特性，这需要文化主体性的支撑。总之，只有挺立起我们的文化主体性，才能“千磨万击还坚劲，任尔东西南北风”（郑燮《竹石》），在世界文化激荡中强化定力、站稳脚跟；才能“投我以木桃，报之以琼瑶”（《诗经·卫风·木瓜》），在文明交流互鉴中悦近来远、成己达人。

对于文化主体性的重要意义，必须高度重视。

在文艺工作座谈会上，习近平总书记曾经谈到改革开放以来的一些现象：

> 改革开放以来，我国经济发展很快，人民生活水平提高也很快。同时，我国社会正处在思想大活跃、观念大碰撞、文化大交融的时代，出现了不少问题。其中比较突出的一个问题就是一些人价值观缺失，观念没有善恶，行为没有底线，什么违反党纪国法的事情都敢干，什么缺德的勾当都敢做，没有国家观念、集体观念、家庭观念，不讲对错，不问是非，不知美丑，不辨香臭，浑浑噩噩，穷奢极欲。现在社会上出现的种种问题病根都在这里。这方面的问题如果得不到有效解决，改革开放和社会主义现

代化建设就难以顺利推进。[①]

为什么会出现这些现象和观念？简单来说，是“一切向钱看”的观念作祟，于是人们为了赚钱可以不择手段。可是，如果完全不“向钱看”，行吗？也不行，因为那样经济没法发展。总之，经济必须发展，甚至要“以经济建设为中心”，否则“挨饿”的问题没办法解决。但是，发展经济的过程中，难免出现利益的分化、观念的变异，撕裂群体的共识，进而影响社会的长期稳定。

如何将因利益和观念而分化的人们重新连接为一个密不可分的共同体？这就离不开文化的作用，就必须大力进行文化建设，而文化建设中最重要的就是确立我们的文化主体性。学者张志强提出，“树立文化主体性对于捍卫经济、政治、社会、生态文明诸领域成就具有重要意义。如果没有坚定的文化自信作为支撑，过去取得的政治、经济、社会、生态文明的成就将会由于缺乏强大的自我，而无法凝聚成一种统一的政治和历史效果。将会由于文化主体性的缺乏，而导致诸领域之间彼此冲突无法协调的结果，甚至也会由于文化自信的缺失，而反噬诸领域取得的成就”[②]。

我们常讨论经济基础和上层建筑的关系，但不论是地基还是楼房，都离不开一种关键的黏合剂，那就是水泥。在某种意义上，文化所发挥的作用，类似于“水泥”。水泥是分布于地基、楼体等各个部分中的。与此类似，文化不仅是“五位一体”中的一个具体领域，而

①习近平：《在文艺工作座谈会上的讲话》（2014年10月15日），《求是》2024年第20期。

②张志强、杨洪源：《创立习近平新时代中国特色社会主义思想是文化主体性的最有力体现》，《中国社会科学》2024年第10期。

且还弥散在“五位”之中，使其得以真正黏合成一个整体。而文化主体性类似水泥的黏性，其强弱对于“一体”的形成和巩固具有至关重要的意义。[①]

要保证文化主体性这个“水泥”的黏性，关键在于“两个结合”。

① “水泥”的比喻受张志强先生在相关研讨会上的发言启发，特此致谢。

第四章

“最大法宝”的实践要领

“两个结合”是我们取得成功的“最大法宝”。对于“法宝”，不光要知道它从哪里来，有哪些法力，还得把它用到对的地方。

习近平总书记在文化传承发展座谈会上提出在新的起点上继续推动文化繁荣、建设文化强国的明确要求，强调要共同努力创造属于我们这个时代的新文化，充分彰显了我们党的文化主体性和历史使命感，为中华民族伟大复兴标示了文化坐标、锚定了文明航向，也为“两个结合”这一“最大法宝”指明了广阔的运用场景。

那么，在运用这个“法宝”的时候，有哪些“注意事项”或者说实践要领呢?

一、坚定文化自信：如何实现精神上的独立自主?

习近平总书记强调的第一条内容，就是“坚定文化自信”，因为“自信才能自强”。如果没有文化自信，建设文化强国便无从谈起。

（一）文化自信的底气：中华文明的深厚积淀与历史回响

近些年来，河南卫视频出爆款。从最开始春晚的《唐宫夜宴》，到端午的《洛神水赋》，再到《国色天香》《龙门金刚》《黄河泥娃》，许多文化节目都受到人们的热捧。比如，在《洛神水赋》中，为了还原洛神那种翩若惊鸿、婉若游龙的轻盈感，舞者何灏浩从白天到黑夜，不断地去研读那些典籍资料，最终的呈现，她不仅参考了敦煌飞天的姿势和服饰，也从曹植的《洛神赋》里面找到了舞蹈灵感。

有媒体问《中国节日》系列节目执行策划徐娜：“这一场场奇妙游的节目连轴转下来，你们会不会因为某一天江郎才尽而困扰？”徐娜的回答平和又霸气：“有上下五千年、纵横三万里的中国文化、中国故事打底，我们的创作素材似乎无须多虑，而这也是我们这个时代所有文化创作者的底气。”[①]

上面的内容，出自“网红”意公子对河南卫视文化节目的分析。她谈道，从2021年开始，只要一想到文化自信，她的脑袋里面总会浮现出河南卫视的身影。这段材料中，特别值得我们关注的是徐娜的那番回答。是的，上下五千年、纵横三万里的中国文化、中国故事，不仅是文化创作者的深厚底气，也是我们文化自信的不竭源泉。

文化自信有多重要？习近平总书记指出：“有文化自信的民族，才能立得住、站得稳、走得远。”[②]这段表述非常简要，背后涉及的历史和文化却非常丰富。

古希腊文化对西方文明影响深远。但回溯历史，古希腊文化曾经是各种各样的外来形式和观念的混杂，其中包括闪族、巴比伦、埃及、吕底亚等文化，“似乎要被外来的东西压倒了”。但是，希腊人最终听从了德尔菲神庙的箴言“认识你自己”，根据自身的需要“整理好这堆杂物”，才让希腊文化获得自我主张[③]。在中国历史上，孔子强调“君子求诸己”（《论语·卫灵公》），孟子主张“养吾浩然之

① 《用文化节目表达文化自信——河南艺术做到了》，https://baijiahao.baidu.com/s?id=1737749380726743497&wfr=spider&for=pc，2022年7月8日。

② 习近平：《在文化传承发展座谈会上的讲话》（2023年6月2日），《求是》2023年第17期。

③ ［德］尼采：《历史的用途与滥用》，上海人民出版社2005年版，第97—99页。

气”（《孟子·公孙丑上》），陆象山发出“收拾精神，自作主宰”（《陆九渊集·语录》）的呼唤，王阳明痛斥“抛却自家无尽藏，沿门持钵效贫儿”（《咏良知四首示诸生·其四》），都彰显了自信自强的精神气质。

文化自信从何而来？习近平总书记接着斩钉截铁地回答道：

中华文明历经数千年而绵延不绝，迭遭忧患而经久不衰，这是人类文明的奇迹，也是我们自信的底气。①

《纲要》对此进行了详细的说明：

中华民族素有文化自信的气度。“礼仪三百、威仪三千”的礼乐文明，“近悦远来、万方辐辏”的大国气象，“星汉灿烂、光焰万丈”的千古文章，无不散发着中华民族从容、自信、优雅的精神气息。到了近代，中国逐步成为半殖民地半封建社会，国家和民族经历了刻骨铭心的惨痛历史，中华传统思想文化经历了剧烈变革的阵痛，文化自信、国民自信受到极大损伤。

一百多年来，中国共产党团结带领中国人民，以“为有牺牲多壮志，敢教日月换新天”的大无畏气概，书写了中华民族几千年历史上最恢宏的史诗，迎来了从站起来、富起来到强起来的历史性跨越，极大增强了做中国人的自信心和自豪感。当今世界，要说哪个政党、哪个国家、哪个民族能够自信的话，那中国共产

①习近平：《在文化传承发展座谈会上的讲话》（2023年6月2日），《求是》2023年第17期。

党、中华人民共和国、中华民族是最有理由自信的。[①]

周代开创了雍容繁盛的礼乐文明，具有“礼序乾坤、乐和天地”的政治和社会功能，让中华文明具备“化干戈为玉帛”的能力；在古代天下秩序中，中原地区作为中华文明的中心地带，对周边地区具有强大的辐射力和吸引力；历史上的《诗经》、楚辞、汉赋、唐诗、宋词、元曲、明清小说等，彰显着中华文化独一无二的理念、智慧、气度和神韵。浸润在悠久深厚的文明传统中，中华民族的精神气息透显出从容、自信和优雅。但是，近代以来，我们的文化自信面临严峻的挑战。我们曾经在西方文明的压倒性冲击下，陷入“文明蒙尘”的低谷。在绝境之中，中国共产党团结带领中国人民，历经一百多年的艰苦奋斗，实现了艰难的触底反弹，终于让中华文明迎来“盛世重光”的历史时刻，让我们迎来了“最有理由自信”的历史时刻。

（二）坚定文化自信的实践路径：坚持走自己的路

在这样的历史时刻，我们该怎么做，才能不辜负祖先的遗产、前辈的奋斗？习近平总书记指出：“坚定文化自信，就是坚持走自己的路。”[②]《纲要》解释说：

独立自主是中华民族精神之魂，是我们立党立国的重要原

①中共中央宣传部：《习近平文化思想学习纲要》，学习出版社、人民出版社2024年版，第43—44页。

②习近平：《在文化传承发展座谈会上的讲话》（2023年6月2日），《求是》2023年第17期。

> 则。党的百年奋斗成功道路是党领导人民独立自主探索开辟出来的，马克思主义的中国篇章是中国共产党人依靠自身力量实践出来的，贯穿其中的一个基本点就是中国的问题必须从中国基本国情出发，由中国人自己来解答。这种独立自主的探索精神，这种坚持走自己路的坚定决心，是我们党不断从挫折中觉醒、不断从胜利走向胜利的真谛。不论过去、现在和将来，我们都要把国家和民族发展放在自己力量的基点上，坚持民族自尊心和自信心，坚定不移走自己的路。①

面对近代危机，不少人主张“全盘西化”，但这种主张并不能给中国带来出路。在革命时期，党内也曾有人试图照搬苏俄的成功经验，犯下“教条主义”的错误，使革命遭遇重大挫折。相反，“马克思列宁主义的普遍真理一经和中国革命的具体实践相结合，就使中国革命的面目为之一新”②。新中国成立后，中国发展取得巨大成就，根本原因就是找到了中国特色社会主义这条正确发展道路并且沿着这条道路坚定不移地走下去。习近平总书记在庆祝中国共产党成立100周年大会上指出：“走自己的路，是党的全部理论和实践立足点，更是党百年奋斗得出的历史结论。”③

《纲要》这段话把独立自主作为“中华民族精神之魂”，作为“我们立党立国的重要原则”，强调“独立自主的探索精神”和“坚持走

①中共中央宣传部：《习近平文化思想学习纲要》，学习出版社、人民出版社2024年版，第46页。

②毛泽东：《论联合政府》（1945年4月24日），载《毛泽东选集》（第三卷），人民出版社1991年版，第1093页。

③习近平：《在庆祝中国共产党成立100周年大会上的讲话》（2021年7月1日），《求是》2021年第14期。

自己的路的坚定决心”的重大意义，进一步揭示了道路自信背后的精神支撑。

在文化传承发展座谈会上，习近平总书记指出：

> 坚定文化自信的首要任务，就是立足中华民族伟大历史实践和当代实践，用中国道理总结好中国经验，把中国经验提升为中国理论，既不盲从各种教条，也不照搬外国理论，实现精神上的独立自主。①

这句话在坚持经济、政治上的独立自主之外，特别强调“精神上的独立自主”的重大意义，并进一步点出“精神独立性”的概念，指出这是政治、思想、文化、制度等方面独立性的重要支撑。《纲要》解释说：

> 走自己的路，不仅仅是坚持经济、政治上的独立自主，也要实现精神上的独立自主。精神是一个民族赖以长久生存的灵魂，唯有精神上达到一定的高度，这个民族才能在历史的洪流中屹立不倒、奋勇向前。如果没有自己的精神独立性，那政治、思想、文化、制度等方面的独立性就会被釜底抽薪。②

在当今世界，一些民族虽然在政治上获得独立，摆脱了殖民地的状态，但是在精神和思想上仍然处于其他国家特别是前宗主国的“殖

①习近平：《在文化传承发展座谈会上的讲话》（2023年6月2日），《求是》2023年第17期。

②中共中央宣传部：《习近平文化思想学习纲要》，学习出版社、人民出版社2024年版，第46页。

民地”或“半殖民地”状态。近几十年来，我们在文化上也受到西方文明的强烈冲击，“崇洋媚外”的心理在一些人身上仍然存在。尽管我们已经实现“从站起来、富起来到强起来的历史性跨越”，但一些人在精神上仍然“跪着”，仍然唯西方马首是瞻，甚至梦想做“精神上的美国人”。习近平总书记曾经批评过那种“以洋为尊”“以洋为美”“唯洋是从”，跟在别人后面亦步亦趋、东施效颦的倾向。在文化传承发展座谈会上，习近平总书记高度强调“实现精神上的独立自主”，可以说具有振聋发聩的重要意义，也是坚定文化自信的重要要求。

是的，“走自己的路”，既要“不跪”，还要“别跟”。跪下就失去了尊严和自信，乱跟迟早会跟进死胡同。

（三）构建中国自主知识体系：从实践到理论的文化突围

实现精神上的独立自主如此重要，那么怎样才能实现呢？习近平总书记给出了答案，其中的关键就是“用中国道理总结好中国经验，把中国经验提升为中国理论”[①]。这涉及一个非常重要的事情，就是建构中国自主的知识体系。《纲要》指出：

> 坚定文化自信，必须建构中国自主的知识体系。“穷理者欲知事物之所以然与其所当然者而已。”面对当代中国广泛而深刻的社会变革以及层出不穷的新知识、新经验、新信息，不能只是

①习近平：《在文化传承发展座谈会上的讲话》（2023年6月2日），《求是》2023年第17期。

泛泛知道其中一些概念和要求，而是要注重构建与之相适应的知识体系。[①]

大致说来，我国哲学社会科学知识体系在新中国成立的头30年受“苏联模式”影响较大，为社会主义制度的确立、社会主义建设的展开做出了重要的思想和学术贡献。不过，由于种种原因，社会学、政治学、心理学、人类学等社会科学的重要门类被取消，“社会科学”的完整性受到严重影响。在政治运动等因素的影响下，这一体系到后期逐渐显现出教条、僵化的一面，而“文革”更让这一体系遭到极“左”化的扭曲。

改革开放后，这一体系与社会主义市场经济显然难以兼容。因此，我们大力借鉴西方哲学社会科学的学术成果、研究范式和学科体系，许多在新中国成立后的头30年被取消的学科得以恢复和重建。改革开放后，哲学社会科学在中国与世界接轨、融入全球化的过程中发挥了重要作用，为社会主义市场经济的蓬勃发展提供了重要的理论支撑和人才支持。然而，随着国际国内形势的深刻变化，这种“西方模式”影响下的哲学社会科学知识体系对于中国特色社会主义的伟大实践无力从根本上提供学理支撑，以至于我们在取得巨大成就的同时，仍然在国际社会面临“挨骂”的问题。习近平总书记曾指出：“在解读中国实践、构建中国理论上，我们应该最有发言权，但实际上我国哲学社会科学在国际上的声音还比较小，还处于有理说不出、

①中共中央宣传部：《习近平文化思想学习纲要》，学习出版社、人民出版社2024年版，第49页。

说了传不开的境地。”[①]

那么，如何建构中国自主的知识体系呢?《纲要》接着指出：

> 建构中国自主的知识体系，需要我们以中国为观照、以时代为观照，立足中国实际，解决中国问题，系统提炼概括中国式现代化的新理论和新实践，不断深化党的创新理论体系化学理化，不断推动中华优秀传统文化创造性转化、创新性发展，不断推进知识创新、理论创新、方法创新，不仅要让世界知道“发展中的中国”、“开放中的中国”、“为人类文明作贡献的中国”，还要让世界知道“学术中的中国”、“理论中的中国”、“哲学社会科学中的中国”。[②]

这段论述归纳了建构中国自主的知识体系的总体原则，其中“中国”二字可以说是“高频词”。简单来说，我们不仅要在实践上干得好，还要在理论上说得透；不能让西方替我们说，而是要我们自己来说；不能用别人的理论套用自己的实践，而是要用自己的道理说自己的事情，这样才能有效解决“挨骂”的问题。

那么，自家的道理在哪里呢？无疑在中华文明的最深处和最曲折处。怎样让中华文明的古老智慧获得学理化、系统化的当代表达？这仍然需要充分发挥“两个结合”这个“最大法宝”的指导作用，破除各种教条的桎梏，以及对外国理论的迷信，进而看到中华文明的“庐

---

①习近平：《在哲学社会科学工作座谈会上的讲话》（2016年5月17日），《人民日报》2016年5月19日第2版。

②中共中央宣传部：《习近平文化思想学习纲要》，学习出版社、人民出版社2024年版，第49页。

山真面目”。习近平总书记对中华文明突出特性的概括，实则为我们提供了这方面的重要典范。

构建中国自主的知识体系，必须加快构建中国特色哲学社会科学。《纲要》还强调哲学社会科学对于一个国家的综合国力和国际竞争力的重要意义，指出哲学社会科学要具有“中国特色、中国风格、中国气派”，“中国特色”主要体现在主体性和原创性上。在此基础上，《纲要》还具体阐述了构建中国特色哲学社会科学的指导思想、主要思路、重要特性以及具体着力点，兹不赘述。

（四）文化自信的社会落地：养成昂扬向上的风貌和理性平和的心态

坚定文化自信，不仅要加强宏观的理论建构，还需要落实到社会成员的生活实践之中，塑造积极健康的精神风貌和心理状态。

近年来，我们大力弘扬正能量，社会风气有了很大好转。不过，在网络时代的背景下，社会心理和情绪方面的一些新动向值得高度关注。

消极“躺平”。受转型期社会现状的影响，一些青少年在网络上用“躺平”“佛系”等话语宣泄情绪，表达对现状的消极抵抗。

焦虑、迷茫。社会转型与变革快速推进，问题和矛盾在短时间内集中呈现。人们面临着工作、生活、学业等多方面的压力，如职场竞争激烈、生活成本上升、教育升学压力大等，使得内心的焦虑和迷茫不断累积。

物质至上。社会经济的快速发展极大地丰富了物质产品，广告、媒体等不断强化物质消费的重要性，形成了一种追求物质享受的社会氛围。

偏执极端。网络空间的匿名性与算法推荐机制，容易形成“信息茧房”，为极端言论的传播提供土壤。在一些热点事件中，网上容易出现一边倒的攻击和极端言论，进而引发网络暴力。

浮躁、疏离。各种碎片化信息，导致人们心态上容易变得浮躁。同时，虚拟社交在一定程度上代替了现实、情感化的人际交流方式，人们满足于线上的交流，却对人与人之间面对面的真实互动感到疏离，难以建立起持久的信任关系。

如果任由这些社会心理和情绪泛滥下去，同样会消解社会共识和文化自信。在文化传承发展座谈会上，习近平总书记强调：

> 要把文化自信融入全民族的精神气质与文化品格中，养成昂扬向上的风貌和理性平和的心态。①

昂扬向上的风貌体现的是一种积极进取、充满活力与激情，对生活、对事业、对国家发展等诸多方面抱有坚定信念和热切期待的精神状态与外在表现。有了这种精神风貌，人们在面对困难与挑战时，就能够做到不气馁、不退缩，乐观自信、奋勇向前，努力去追求目标、实现价值的姿态。这种积极的精神状态也能够感染他人，营造出积极向上的社会氛围，成为抵御消极心态的内在力量。

理性平和的心态指的是人们在面对各种复杂的情况、不同的观点以及生活中的得失时，能够运用理性思维去分析、判断，不被情绪左右，

---

①习近平：《在文化传承发展座谈会上的讲话》（2023年6月2日），《求是》2023年第17期。

保持冷静客观，同时内心平和稳定，不浮躁、不偏激的一种心理状态。这种心态既有助于个人在复杂多变的环境中保持清醒的头脑，也能够促进人际关系的和谐，减少冲突和矛盾，成为社会稳定的“缓冲器”。

昂扬向上的风貌能够激发个人的积极性和创造力，推动个人不断前进；而理性平和的心态则能够帮助个人在前进的过程中保持冷静和理智，避免盲目冲动。这就像开车，该轰油门的时候轰油门，该踩刹车的时候踩刹车，才能平安驾驶、行稳致远。昂扬向上的风貌和理性平和的心态相辅相成，共同构成了健康、积极的精神状态，对于个人的成长和发展以及社会的和谐稳定都具有重要意义。

要养成这种风貌和心态，必须想方设法“把文化自信融入全民族的精神气质与文化品格中”。而文化自信需要不卑不亢、不将不迎的平和，需要有为有守、不忮不求的稳健，需要眼中有光、脚下有路的成熟。只有这样，中华民族伟大复兴才有坚实的精神支撑。

二、秉持开放包容：如何破解“古今中西之争”？

坚定文化自信，实现精神上的独立自主，绝不是闭关锁国、封闭排外。习近平总书记紧接着强调“秉持开放包容”，并着重谈及如何破解“古今中西之争”。

（一）开放包容：中华文明发展的活力之源与历史镜鉴

2014年4月，习近平总书记在比利时布鲁日欧洲学院演讲时指出：“中国是东方文明的重要代表，欧洲则是西方文明的发祥地。正如中国人喜欢茶而比利时人喜爱啤酒一样，茶的含蓄内敛和酒的热烈奔放代表了品味生命、解读世界的两种不同方式。但是，茶和酒并不是不可兼容的，既可以酒逢知己千杯少，也可以品茶品味品人生。”[①]这段生动的论述，充分体现了开放包容的胸襟和气度。

开放包容有多重要？习近平总书记在文化传承发展座谈会上指出：“开放包容始终是文明发展的活力来源，也是文化自信的显著标志。”[②]比如，盛唐是最为开放包容和自信的时代。大诗人王维用“九天阊阖开宫殿，万国衣冠拜冕旒”（王维《和贾舍人早朝大明宫之作》）来形容这一时期的盛况。对异域文化的吸收，让盛唐文化在宗教、音乐、舞蹈、绘画乃至饮食等方面呈现出超迈前代、独步世界的博大气象。至今，海外华人仍然被称为“唐人”，其聚居地也被称为“唐人街”。

这种开放包容的气度一直贯穿在中华文明的发展历程。习近平总书记指出：“中华文明的博大气象，就得益于中华文化自古以来开放的姿态、包容的胸怀。”[③]2014年3月，他在巴黎联合国教科文组织总部发表重要演讲时，就详细谈到张骞两次出使西域、唐代对外交流、明代郑和七下西洋、明末清初中国人积极学习西方科技知识、近代以来中外文明交流互鉴等事实，指出“中华文明是在中国大地上产生的文明，也是同其他文明不断交流互鉴而形成的文明”[④]。《纲要》

①习近平：《在布鲁日欧洲学院的演讲》（2014年4月1日，布鲁日），《人民日报》2014年4月2日第2版。

②习近平：《在文化传承发展座谈会上的讲话》（2023年6月2日），《求是》2023年第17期。

③习近平：《在文化传承发展座谈会上的讲话》（2023年6月2日），《求是》2023年第17期。

④习近平：《在联合国教科文组织总部的演讲》（2014年3月27日，巴黎），《人民日报》2014年3月28日第3版。

指出：

> 从赵武灵王胡服骑射到北魏孝文帝汉化改革，从“洛阳家家学胡乐”到“万里羌人尽汉歌”，从佛教东传、“伊儒会通”到“西学东渐”、新文化运动，从马克思主义和社会主义思想传入中国到改革开放以来全方位对外开放，中华文明始终在兼收并蓄中历久弥新，铸就了中华民族博采众长的文化自信。[①]

当然，我们说中华文明有开放包容的气度，有突出的包容性，并不意味着中国历史上就没有相对封闭排外的时候。比如，面对西方殖民势力东扩，清朝前期统治者秉持“天朝物产丰盈，无所不有”的观念，实行闭关锁国的政策，全面禁止海上贸易，统一中国台湾省后仅开放广州、宁波等四口通商，后缩减至广州“十三行”垄断外贸。同时，朝廷禁止民间私自出海贸易，限制传教士活动，禁止学习西方科技。这些措施虽然短期内在一定程度上防范了西方殖民势力的入侵，保护了中国的领土完整和国家主权，但也使中国与西方在科技、文化等领域的交流几乎停滞。在工业革命蓬勃发展的时期，中国依然停留在传统的农业经济阶段，未能及时引进和应用西方的蒸汽机、火药武器等先进技术，最终全面落后于西方。这种闭关锁国政策，让中华文明一度失去内在的活力，成为近代屈辱史的重要原因。不过，这并不足以否定中华文明具有开放包容的气度，因为我们主要看历史大趋势、文明大格局，而不是从“还原论”意义上要求任何时期都必须

①中共中央宣传部：《习近平文化思想学习纲要》，学习出版社、人民出版社2024年版，第48页。

如此。

我们更要看到的是，后世的中国人从这个“反面教材”中充分汲取了教训——唯有主动开放、包容互鉴，才能实现国家的持续发展，进而不断学习西方，最终克服“三千年未有之大变局”的挑战。

（二）文明冲突论之殇与中国文明交流互鉴理念的光辉

1993年，美国学者塞缪尔·P.亨廷顿在一篇文章中首次提到“文明的冲突”。1996年，他出版《文明的冲突与世界秩序的重建》一书，系统论述了所谓“文明冲突论”，在国际学术界和政治领域引发了广泛的讨论和争议。

这个时期，正是苏东剧变之后的几年。

亨廷顿大笔一挥，把世界划分成七个主要的文明板块：西方文明、中华文明、伊斯兰文明、印度文明、东正教文明、拉丁美洲文明和非洲文明。他认为，这些文明之间存在深刻的差异，这些差异不仅体现在价值观和信仰上，还体现在政治制度和社会结构中。例如，西方文明强调个人主义和民主制度，而儒家文明更注重集体主义和等级秩序；伊斯兰文明强调宗教信仰的绝对性和社会生活的全面宗教化，这与西方世俗化的价值观形成鲜明对比。

冷战结束后，意识形态对抗逐渐减弱，国际关系中的权力结构和利益分配也发生了变化。在这个背景下，亨廷顿提出，国际政治的主要冲突将从意识形态对抗转向文明之间的对抗。文明之间的差异是不可调和的，因此这种差异必然导致冲突。这种冲突可能表现为国家之间的战争、地区冲突或文化对抗。他站在西方的立场上警告说，西方文明在冷战结束后面临着来自其他文明的挑战，尤其是来自伊斯兰文明和儒家文明的挑战。西方文明如果不能应对这些挑战，可能会逐渐衰落。

然而，这毕竟是一个全球化的时代，不同文明之间的交流会更加频繁。但是，亨廷顿认为，这种交流并没有促进文明之间的融合，反而加剧了文明之间的矛盾和冲突，因为全球化带来的文化多样性使得不同文明之间的差异更加明显。

这是一个简单的学术理论吗？不是，它对国际政治确实产生了不小的影响。美国在中东地区的军事干预在一定程度上是基于对“伊斯兰威胁”的误解，这种干预反而加剧了西方与伊斯兰世界之间的对立。而一些国家和地区将这一理论作为对抗其他文明的依据，从而导致地区冲突升级。在某种意义上，该理论成为一种“自我实现的预言”，因为强调文明之间的冲突可能导致不同文明之间的误解和偏见，从而加剧冲突的可能性。

两相对比，我们能更深刻地理解中国倡导文明交流互鉴之可贵。习近平总书记指出：“推进人类各种文明交流交融、互学互鉴，是让世界变得更加美丽、各国人民生活得更加美好的必由之路。”[①]这种开放包容的胸襟，是对文明冲突论的鲜明拒斥。《纲要》总结说：

> 文明因交流而多彩，文明因互鉴而丰富。文明交流互鉴，是推动人类文明进步和世界和平发展的重要动力。在人类文明的大家园中，各国虽然历史、文化、制度各异，但都应该彼此和谐相

①习近平：《在纪念孔子诞辰2565周年国际学术研讨会暨国际儒学联合会第五届会员大会开幕会上的讲话》（2014年9月24日），《人民日报》2014年9月25日第2版。

处、平等相待，都应该互尊互鉴、相互学习，从而实现共同发展、共享繁荣……

当今世界正经历百年未有之大变局，既充满希望，也充满挑战。应对共同挑战、迈向美好未来，离不开文化文明的力量。不同文明之间平等交流、互学互鉴，将为人类破解时代难题、实现共同发展提供强大的精神指引。[①]

这才是文明的黄钟大吕，这才是人类的大雅正声！

习近平总书记在文化传承发展座谈会上提纲挈领地指出：“秉持开放包容，就是要更加积极主动地学习借鉴人类创造的一切优秀文明成果。”[②]这种借鉴吸收的过程，就是一个文明交流互鉴的过程。习近平总书记曾指出：“一切生命有机体都需要新陈代谢，否则生命就会停止。文明也是一样，如果长期自我封闭，必将走向衰落。交流互鉴是文明发展的本质要求。只有同其他文明交流互鉴、取长补短，才能保持旺盛的生命活力。”[③]

（三）“古今中西之争”的漫长历史脉络

在文化传承发展座谈会上，在讲到秉持开放包容时，习近平总书记特别提到如何破解“古今中西之争”的话题。

---

①中共中央宣传部：《习近平文化思想学习纲要》，学习出版社、人民出版社2024年版，第101—102页。

②习近平：《在文化传承发展座谈会上的讲话》（2023年6月2日），《求是》2023年第17期。

③习近平：《深化文明交流互鉴　共建亚洲命运共同体——在亚洲文明对话大会开幕式上的主旨演讲》（2019年5月15日），《人民日报》2019年5月16日第2版。

一个文明体在长期发展演变的过程中，大概会在时间轴或者说“历史”层面上碰到如何处理当代与前代的关系，也会在空间轴或者说“地理”层面碰到如何处理自我与他者的关系。在漫长的古代社会，中华文明和其他文明在交往交流方面取得了诸多成果。大航海时代之后，利玛窦、艾儒略等天主教传教士带来西方近代自然科学，特别是天文、历法、数学等知识，当时中国知识分子已经呈现出几种不同的态度，“古今中西之争”初现端倪。

19世纪40年代，鸦片战争用武力叩开古老中国的大门。要应对挑战，必须向西方学习。这是一个“始于言技，继之以言政，益之以言教”的过程，“古今中西之争”随之愈演愈烈。

在“言技”的阶段，以曾国藩等人为代表的洋务派提出“师夷长技以自强”，主张在不触动既有制度的前提下，学习西方先进的科学技术。而以倭仁为代表的顽固派则把西方科学技术视为“奇技淫巧”，反对向西方学习，幻想恢复“闭关锁国”的局面。洋务派的主张在1898年被张之洞概括为“中学为体，西学为用”，即后来聚讼纷纭的“中体西用”。在19世纪中后期，还有一派倡导“西学中源”说，认为西方的科学技术是从中国传过去的，因此向西方学习只是“以中国本有之学还之于中国”。在洋务运动时期，该学说长期作为“中体西用”说的补充论证，与后者相互交织。

到“言政”阶段，“中体西用”说因为强调固守传统政治制度和伦理纲常，成为改良派进一步学习西方政治制度的障碍。“西学中源”说反倒成为改良派一时的助力，因为西方的民主、自由、平等等观念，议会、学校等制度，都可以打着中国“古已有之”的旗号而被照单全收。但是，该学说过于牵强附会，到后来连改良派都只好放弃。戊戌变法时期，荣禄等顽固派抛出“祖宗之法不可变”的论调，反对变法。

“言教”阶段集中体现在辛亥革命之后。基于对政治革命失败的反思，人们从民族文化的角度寻找中国落后的原因。20世纪20年代，陈独秀等人主编的《新青年》与杜亚泉主编的《东方杂志》之间就文化问题展开论战。陈独秀把东洋文明归结为古代文明，认为中国固有思想不适合当代社会。梁启超则在《欧游心影录》中提出，第一次世界大战后，西方文明已经破产，要用中国传统文明救济西方并拯救中国。胡适认为相比于知足的东方文明，不知足的西方文明才是“真正理想主义的文明”[①]。到20世纪30年代，有学者提出“百分之百的全盘西化”[②]，因为西洋文化在宗教、政治、道德、经济和社会方面都优于中国文化。与此针锋相对，王新命、何炳松等十位教授联名发表《中国本位的文化建设宣言》，认为中国有“自己的特殊性”和“一定的时代性”，因此要“特别注意此时此地的需要”[③]，并提出“从事于中国本位的文化建设”的口号。

中国共产党在延安时期提出民族的科学的大众的文化，认为这是人民大众反帝反封建的文化、新民主主义的文化以及中华民族的新文化。新中国成立后，党提出“古为今用，洋为中用”的方针。这些都显示出在当时的历史条件下超越“古今中西之争”的努力。改革开放以来，随着引进国外先进技术、经济体制改革和民主法治建设的展开，到20世纪80年代中期，“文化热”在知识界逐渐兴起。人们在对

①胡适：《我们对于近代西洋文明的态度》，《东方杂志》1926年第17期。

②陈序经：《全盘西化的辩护》，《独立评论》第160号，1935年7月21日。

③王新命、何炳松等：《中国本位的文化建设宣言》，《文化建设》1935年第1卷第4期。

“文革”中激烈反传统的做法进行反思的基础上，讨论如何“从传统走向现代”的问题。一些被称为“自由派”的知识分子通过译介西方学术思想阐释并宣扬民主政治、市场经济、法治社会等现代社会理念，同时对传统文化展开批判。不过，随着西方后现代主义的兴起和传入，学术界开始反思现代性对人的异化。一些学者主张重新从中国传统文化中寻找智慧，对传统文化具有比较强烈的价值认同，对西方价值保持警惕和距离，被归为“文化保守派”。还有一些学者汲取西方新马克思主义等思想资源，对西方的自由主义和信仰真空进行反思，反对庸俗的自由市场理论，重视社会公平正义，通常被称为“新左派”。“自由派”“文化保守派”和“新左派”围绕诸多学术和社会议题激烈交锋，让“古今中西之争”呈现出较为复杂的思想文化图谱。

总的来看，在近代以来“古今中西之争”的问题上，一种倾向是把“中西之争”归入“古今之争”，认为中国文化已经过时，西方文化代表现代化的方向，因此主张批判中国文化、学习西方文化；另一种倾向是把“古今之争”化为“中西之争”，认为中西文化的差别只是民族性的差别，即便学习西方现代文化的长处，也要以中国固有文化为根本。两种倾向共同的问题，在于背后的文化还原论预设，即认为有一种凝固不变的文化样式。但是，文化恰恰是在相互交流中不断演变、动态发展的。空间轴上的“中”与“西”，经过时间轴上“古”与“今”的斗转星移，各自都呈现出与之前迥然不同的面貌。特别是中国共产党以马克思主义为指导，通过“两个结合”，让古老的中华文明在现代社会得以重生，并在更高层次上对古今中西之精华予以融会贯通。[①]

正是在这个背景下，习近平总书记在文化传承发展座谈会上指出：

> 无论是对内提升先进文化的凝聚力感召力，还是对外增强中华文明的传播力影响力，都离不开融通中外、贯通古今。经过长期努力，我们比以往任何一个时代都更有条件破解“古今中西之争”，也比以往任何一个时代都更迫切需要一批熔铸古今、汇通中西的文化成果。[②]

是的，只有打通古今中西，我们才能让先进文化更具凝聚力、感召力，让中华文明更有传播力、影响力。而要融通中外、贯通古今，就必须破解近代以来困扰我们一百多年的“古今中西之争”。在那个旷日持久的争论中，绝大多数观点不能说没有一定的道理，但都有严重的局限性。远的不说，就说近些年来兴起的这三个派别。“自由派”奉行所谓“普世价值”，把西方所谓“宪政”和票选民主奉为圭臬，不仅忽略了民族性和继承性，而且否定马克思主义在意识形态领域的指导地位；“新左派”对马克思主义和革命文化进行僵化、保守的理解，过度强调“阶级性”，不仅不能正确看待改革开放以来的成就，而且不能正确理解传统文化的现代价值；文化保守主义倾向对中国文化进行一种实体论的理解，过度强调继承的一面，不能正视近代以来的发展的一面，甚至出现“以儒代马论”，把传统文化和马克思

①李勇刚：《何为古今中西之争》，《学习时报》2023年7月24日第4版。

②习近平：《在文化传承发展座谈会上的讲话》（2023年6月2日），《求是》2023年第17期。

主义对立起来。这些派别看似理论高深，实则都难以系统而整全地给中国指引一个光明的未来。

批判的武器，不能代替武器的批判。只有中国共产党，才能最终团结带领中华民族迎来了从站起来、富起来到强起来的历史性跨越，为破解“古今中西之争”提供了实践基础。当然，盛世修文，新时代同样需要大量文化成果来彰显其雍容盛大之巍巍气象。而这样的文化成果绝不能陷入一偏之见，必须熔铸古今、汇通中西，才能与新时代相得益彰。

（四）破解“古今中西之争”的实践要领

具体而言，我们如何破解“古今中西之争”，如何打造一批熔铸古今、汇通中西的文化成果？习近平总书记给出了几条实践要领：

> 要秉持开放包容，坚持马克思主义中国化时代化，传承发展中华优秀传统文化，促进外来文化本土化，不断培育和创造新时代中国特色社会主义文化。①

具体来说，这句话有三层意思。

一是要坚持马克思主义中国化时代化。不断谱写马克思主义中国化时代化新篇章，是当代中国共产党人的庄严历史责任。习近平总书记曾指出：“中华优秀传统文化是我们党创新理论的‘根’，我们推进

①习近平：《在文化传承发展座谈会上的讲话》（2023年6月2日），《求是》2023年第17期。

马克思主义中国化时代化的根本途径是‘两个结合’。”[①]党的二十大报告提出：“把马克思主义思想精髓同中华优秀传统文化精华贯通起来、同人民群众日用而不觉的共同价值观念融通起来，不断赋予科学理论鲜明的中国特色，不断夯实马克思主义中国化时代化的历史基础和群众基础，让马克思主义在中国牢牢扎根。”[②]

二是要传承发展中华优秀传统文化。《纲要》写道：“中国人民的理想和奋斗，中国人民的价值观和精神世界，是始终深深植根于中华优秀传统文化沃土之中的。中华优秀传统文化的丰富哲学思想、人文精神、教化思想、道德理念等，可以为人们认识和改造世界提供有益启迪，可以为治国理政提供有益启示，也可以为道德建设提供有益启发，不论过去还是现在，都有其永不褪色的价值。”[③]这段表述不仅高扬了中华优秀传统文化的时代价值，而且指明了传承发展的重点内容。

三是要促进外来文化本土化。外来文化往往蕴含着独特的价值观、艺术风格、生活方式等元素，将其本土化后，能够为中华文明注入新鲜血液，使中华文化更具时代活力。本土化不是简单照搬，而是要“以我为主、为我所用”，处理好本土文化和外来文化的关系，既防止盲目崇拜外来文化特别是西方文化，又避免封闭保守的文化孤立主义。同时，也要注意“取其精华、去其糟粕”，合理吸收外来文化的积极因素，抵制不良文化的侵蚀。

---

①《全面推进乡村振兴　为实现农业农村现代化而不懈奋斗》，《人民日报》2022年10月29日第1版。

②习近平：《高举中国特色社会主义伟大旗帜　为全面建设社会主义现代化国家而团结奋斗——在中国共产党第二十次全国代表大会上的报告》（2022年10月16日），《人民日报》2022年10月26日第1版。

③中共中央宣传部：《习近平文化思想学习纲要》，学习出版社、人民出版社2024年版，第47页。

在这三条实践要领中，中国化时代化的马克思主义是我们破解“古今中西之争”的指导思想，在这方面决不能含糊，否则就会犯方向性错误；中华优秀传统文化的有效传承发展，侧重于破解“古今之争”，让传统走向现代；外来文化的充分本土化，侧重指向破解“中西之争”，把外来文化化作滋养。上述三条要领最终指向一个目的，即“不断培育和创造新时代中国特色社会主义文化”，这正是推动社会主义文化繁荣兴盛、建设社会主义文化强国的重要任务。

三、坚持守正创新：如何实现传统与现代的有机衔接？

党的二十大报告用“六个必须坚持”概括了习近平新时代中国特色社会主义思想的世界观、方法论和贯穿其中的立场观点方法，其中就包括“必须坚持守正创新”。在文化传承发展座谈会上，习近平总书记深入阐释了在文化建设中如何运用这一原则。

（一）主旋律热播与文化启示：守正创新铸就现象级作品

一提起主旋律电影、电视剧，不少人会因为其“高大上”的特点而敬而远之。然而，2021年，作为献礼中国共产党成立100周年的优秀电视剧，电视剧《觉醒年代》火爆出圈，长期位居收视率榜首。豆瓣评分不断上涨，剧中一些角色和台词冲上微博热搜。国家语言资源监测语料库发布“2021年度十大网络用语”，“觉醒年代”超过“YYDS”“元宇宙”“绝绝子”“躺平”等热词赫然排在首位。据说，大结局播出后，许多观众前往上海龙华陵园陈延年和陈乔年墓前献花，甚至出现拥挤现象。不少“90后”“00后”还把人物剧照制作成壁纸和表情包。

近年来，有《人民的名义》《山海情》《大江大河2》《人世间》等主旋律电视剧热播，既叫好又叫座。

这些作品成功的背后，离不开“守正创新”。

在文化传承发展座谈会上，习近平总书记强调：“对文化建设来说，守正才能不迷失自我、不迷失方向，创新才能把握时代、引领时代。”①

“守正”就是要握好“指南针”，要坚守正确的方向和原则，遵循客观规律和道德准则。它要求人们在行动和决策中坚持真理，遵循正义，不偏离正确的道路。孟子强调“先立乎其大者，则其小者弗能夺也”（《孟子·告子上》），提出要通过“居天下之广居，立天下之正位，行天下之大道”（《孟子·滕文公下》），做到“富贵不能淫，贫贱不能移，威武不能屈”，生动体现了如何通过“守正”来坚守自我的节操，保持正确的方向。

创新就是要寻找“突破口”，要勇于突破传统思维的束缚，敢于尝试新的方法和路径。它要求人们在面对问题和挑战时，积极寻找新的解决方案，不断开拓进取。清代的文学家赵翼有云：“诗文随世运，无日不趋新。”（《论诗》）时代在不断发展，人们对新事物的接受习惯也在发生变化，只有通过不断创新才能把握并引领时代变化的节奏。

①习近平：《在文化传承发展座谈会上的讲话》（2023年6月2日），《求是》2023年第17期。

“守正”是根基，为文化建设筑牢坚实的基础，让文化保有灵魂；“创新”是动力，推动文化与时俱进、蓬勃发展。只“守正”不创新，所谓“守正”就变成“守旧”，就会故步自封、陈陈相因；只“创新”不守正，就变成“为创新而创新”，就会割断血脉、凭空虚造。只有在“守正创新”上下足功夫，才能有力推动社会主义文化建设。

（二）定向领航：新时代文化建设的“三重根本”坚守

在文化传承发展座谈会上，习近平总书记在“守正”方面提出了三个要求。

第一，守的是马克思主义在意识形态领域指导地位的根本制度。

党的十八大以来，面对意识形态领域日益复杂尖锐的环境，习近平总书记以高度的忧患意识深刻指出：“一个政权的瓦解往往是从思想领域开始的，政治动荡、政权更迭可能在一夜之间发生，但思想演化是个长期过程。思想防线被攻破了，其他防线就很难守住。”[①]“在意识形态领域斗争上，我们没有任何妥协、退让的余地，必须取得全胜。”[②]为此，以习近平同志为核心的党中央高度重视意识形态工作，确立和坚持马克思主义在意识形态领域指导地位的根本制度，就意识形态领域许多方向性、战略性问题作出部署，使意识形态领域党的领导弱化问题得到根本扭转，从根本上改变了意识形态领

①习近平：《在全国宣传思想工作会议上的讲话》（2013年8月19日），载中共中央文献研究室编：《习近平关于社会主义文化建设论述摘编》，中央文献出版社2017年版，第21页。

②习近平：《坚持军报姓党　坚持强军为本　坚持创新为要　为实现中国梦强军梦提供思想舆论支持》（2015年12月25日），载中共中央文献研究室编：《习近平关于社会主义文化建设论述摘编》，中央文献出版社2017年版，第37页。

域一度出现的被动局面，使我国意识形态领域形势发生了全局性、根本性转变。

守好马克思主义在意识形态领域指导地位的根本制度，必须坚持马克思主义这一党和国家的根本指导思想不动摇。坚持和完善繁荣发展社会主义先进文化的制度，必须坚持马克思主义在意识形态领域指导地位的根本制度，牢牢坚守意识形态安全的底线，确保中国特色社会主义根基永固、航向不偏。

在守的过程中，一定要坚持问题导向，“着眼解决新时代改革开放和社会主义现代化建设的实际问题，不断回答中国之问、世界之问、人民之问、时代之问”[①]，避免教条主义。党的二十大报告指出：“我们坚持以马克思主义为指导，是要运用其科学的世界观和方法论解决中国的问题，而不是要背诵和重复其具体结论和词句，更不能把马克思主义当成一成不变的教条。”[②]

第二，守的是“两个结合”的根本要求。

“两个结合”是我们取得成功的“最大法宝”。《纲要》指出：“正是在‘两个结合’的指引下，我们成功开辟和发展了中国特色社会主义、推进和拓展了中国式现代化。”[③]文化建设是中国特色社会主义“五位一体”格局的重要内容，且与“两个结合”的关系最为密切，更应守好、用好这个“最大法宝”，才能在文化领域破除不合时宜的

---

①习近平：《高举中国特色社会主义伟大旗帜 为全面建设社会主义现代化国家而团结奋斗——在中国共产党第二十次全国代表大会上的报告》（2022年10月16日），《人民日报》2022年10月26日第1版。

②习近平：《高举中国特色社会主义伟大旗帜 为全面建设社会主义现代化国家而团结奋斗——在中国共产党第二十次全国代表大会上的报告》（2022年10月16日），《人民日报》2022年10月26日第1版。

③中共中央宣传部：《习近平文化思想学习纲要》，学习出版社、人民出版社2024年版，第31页。

旧体制、旧制度，建立适应时代的新体制、新制度。

第三，守的是中国共产党的文化领导权和中华民族的文化主体性。

一个政党的领导权，不仅体现在经济、政治和军事等方面，而且还包含以意识形态为核心的文化领导权。取得意识形态领域斗争的全胜，必须有坚强的领导权。习近平总书记指出：“面对改革发展稳定复杂局面和社会思想意识多元多样、媒体格局深刻变化，在集中精力进行经济建设的同时，一刻也不能放松和削弱意识形态工作，必须把意识形态工作的领导权、管理权、话语权牢牢掌握在手中，任何时候都不能旁落，否则就要犯无可挽回的历史性错误。”①只有守住中国共产党的文化领导权，才能确保文化建设的正确政治方向。关于中华民族的文化主体性，本书第三章已有详细阐释，兹不赘述。

总之，意识形态工作是为国家立心、为民族立魂的工作。马克思主义是我们立党立国、兴党兴国的根本指导思想，是社会主义意识形态的旗帜和灵魂。然而，意识形态领域仍存在不少挑战，斗争和较量有时十分尖锐，因此必须守住第一条，才不会走改旗易帜的邪路。“两个结合”是我们推进马克思主义中国化时代化的根本途径，而“第二个结合”是又一次思想解放，但是思想解放的过程不可避免地会伴随各种疑惑与争论，因此必须守住第二条，才不会走封闭僵化的老路；中国共产党既是中国先进文化的积极引领者和践行者，又是中华优秀传统文化的忠实传承者和弘扬者。中华民族在确立自身文化主

①习近平：《在党的十八届三中全会第一次全体会议上的讲话》（2013年11月9日），载中共中央文献研究室编：《习近平关于社会主义文化建设论述摘编》，中央文献出版社2017年版，第34页。

体性的过程中仍然面临诸多内外挑战，因此必须守住第三条底线，才能在世界文化激荡中站稳脚跟。

（三）破茧重生：解码《哪吒2》现象背后的时代密码

2025年，一部现象级动画电影横空出世，那就是《哪吒之魔童闹海》(《哪吒2》)。截至2025年5月，其票房突破158亿元，成为首部冲进全球影史票房榜前五的亚洲电影。影片相关话题多次冲上热搜，观众自发创作同人漫画、短视频剪辑，形成“哪吒宇宙”的民间狂欢。

《哪吒2》到底做对了什么？学者季春芳撰文分析其成功背后的“文化密码”，说道：

> 在人物设定上，影片中的哪吒不再是传统意义上的叛逆小孩，而是一个在成长中不断突破自我、实现蜕变的现代青年。他从最初的叛逆不羁，到逐渐学会担当，最终在抗争中实现自我救赎，其形象更为贴近当代观众的情感需求。敖丙的形象被改编为一个努力挣脱种族枷锁的角色，并与哪吒的抗争精神相互呼应，展现了群体觉醒的力量。无量仙翁表面仙风道骨、慈眉善目，以“维系天道”之名行事，但实际上却通过天元鼎炼化妖族、牺牲无辜，将权力斗争凌驾于道德之上，引发了观众对正义、权力和人性的深刻反思。申公豹的形象，精准击中当代年轻人面对社会压力时的矛盾心理，不仅为观众提供了情感宣泄的出口，也使传统故事在现代社会中重新焕发生机。
>
> 在故事情节上，影片延续了“我命由我不由天”的核心精

神，将传统“天命论”转化为现代性抗争。哪吒的反抗不再局限于个人命运，而是上升到对整个社会不公的挑战，抗争的主体也从个体扩展到群体，这种叙事的升级不仅丰富了故事层次，也让神话故事照进了现实议题。哪吒与父母的亲情线被深度挖掘，展现了当代家庭教育中“理解式教育”的重要性，引发了当代父母与子女之间的情感共鸣。哪吒与父母的亲情线、哪吒与敖丙的友情线、申公豹与申小豹的兄弟情等多重关系的交织，展现了当代青年面临的成长困惑与人生抉择。这种情感线的设置不仅增加了故事的深度，也更容易赢得观众的理解和共情。①

此外，《哪吒2》还通过多种方式将传统文化与现代技术完美融合，在东方美学的多元呈现上展现了极高的艺术水准，创造出了独特的视觉与文化体验。比如，在声音设计方面，巧妙融入侗族大歌、蒙古呼麦、天津曲艺等非遗元素，让观众充分领略中华文化的博大精深。

在某种意义上，《哪吒2》可以被视作中华优秀传统文化“两创”的一个典范。

按照《纲要》，所谓“创造性转化，就是要按照时代特点和要求，对那些至今仍有借鉴价值的内涵和陈旧的表现形式加以改造，赋予其新的时代内涵和现代表达形式，激活其生命力。创新性发展，就是要按照时代的新进步新进展，对中华优秀传统文化的内涵加以补

①季春芳：《〈哪吒2〉“现象级成功”的“文化密码”》，https：//cssn.cn/ysx/ysx_xksy/202502/t20250227_5849558.shtml，2025年2月27日。

充、拓展、完善，增强其影响力和感召力”[①]。前者侧重“传承”，后者侧重“发展”，关键是要有“创造性”“创新性”。

在文化传承发展座谈会上，习近平总书记指出：

> 创新，创的是新思路、新话语、新机制、新形式，要在马克思主义指导下真正做到古为今用、洋为中用、辩证取舍、推陈出新，实现传统与现代的有机衔接。[②]

新思路要求突破传统思维的局限，以更加开放、包容和前瞻性的视角看待文化发展。它强调从全局和长远的角度思考问题，寻找新的解决方案。

第一，新话语。在文化表达和传播中，创造和使用符合时代要求、贴近群众生活、具有国际传播力的新语言和新表达方式。新话语能够更好地反映时代精神，增强文化的吸引力和影响力。

第二，新机制。在文化管理、生产、传播等方面，建立更加科学、高效、灵活的运行机制。新机制能够激发文化创新的活力，提高文化资源的利用效率，推动文化事业和文化产业的可持续发展。

第三，新形式。在文化表现和传播方式上，采用新的技术手段和艺术形式。如利用虚拟现实（VR）、增强现实（AR）等新技术开发沉浸式文化体验项目；通过社交媒体、短视频平台等新媒体渠道，扩大文化的传播范围和影响力。

---

①中共中央宣传部：《习近平文化思想学习纲要》，学习出版社、人民出版社2024年版，第39—40页。

②习近平：《在文化传承发展座谈会上的讲话》（2023年6月2日），《求是》2023年第17期。

这种创新必须在马克思主义的指导下进行，才能确保文化创新成果能够更好地满足人民群众的需求，推动社会的和谐发展，而不是服务于资本或流量，更不是为了创新而创新。在此基础上，习近平总书记提出了几条原则。

第一，“古为今用”。在文化建设中，充分挖掘和利用传统文化资源，将其转化为符合现代社会需求的文化产品和文化服务。这要求我们在继承传统文化的基础上，进行创造性转化和创新性发展。

第二，“洋为中用”。在文化建设中，积极吸收和借鉴世界优秀文化成果，结合中国国情进行本土化改造。这要求我们在开放包容的基础上，进行选择性吸收和创造性转化。

第三，“辩证取舍”。在文化建设中，运用辩证唯物主义和历史唯物主义的观点，对传统文化和外来文化进行科学分析，取其精华，去其糟粕。这要求我们在创新过程中，既要继承和弘扬优秀传统文化，又要摒弃其中的落后成分。

第四，“推陈出新”。在文化建设中，在继承传统文化的基础上，不断进行创新和发展。这要求我们在创新过程中，既要尊重传统，又要勇于突破，创造出具有时代特色和创新价值的文化成果。

上述创新手段和原则，最终目标是实现传统与现代的有机衔接，使文化能够在继承中发展、在发展中创新，让传统在现代社会的条件下实现蓬勃的“生长”。这要求我们在创新过程中，既要尊重传统文化的内涵和形式，又要结合现代科技、现代理念和现代需求，进行创造性转化和创新性发展。

（四）硕果累累：“两创”实践铺就传统文化“活起来”的生动答卷

近年来，围绕中华优秀传统文化的“两创”，我们取得了令人瞩目的成就。

第一，文化遗产数字化方面。

故宫博物院的“数字故宫”计划通过AR/VR技术复原紫禁城场景，开发《故宫：口袋宫匠》等APP，让文物从“馆舍天地”走向“大千世界”。2025年春节期间，故宫数字文物库访问量突破2亿次，年轻用户占比超过60%。敦煌研究院的“数字藏经洞”项目通过高精度扫描与3D建模，让全球用户可以在线“穿越”至晚唐时期，观看《金刚经》抄写场景。2024年，该项目荣获联合国教科文组织“全球世界遗产教育创新案例奖”。中国人民大学团队耗时10年构建了北京历史数字资源库，并于2024年在迪拜展出了“京城大运河”3D影像，通过MicroLED技术还原了当年漕运的盛景，形成了一条从“资源采集”到“叙事开发”再到“国际传播”的完整链条，为文化出海提供了可复制的模式。

第二，非遗活化方面。

国潮品牌的崛起成为非遗活化的生动体现。例如，李宁推出的“敦煌·拓”系列运动鞋，提取了飞天壁画的色彩体系，2024年销售额突破15亿元；回力与故宫联名的帆布鞋，成为“Z世代”的“新国潮”标配。苏州绣娘姚建萍创立的“苏绣小镇”通过开发刺绣耳机套、团扇、U盘等文创产品，带动了周边3000余名绣娘增收，每人年增收超过4万元。短视频平台成为非遗传播的重要阵地。抖音的

“非遗合伙人”计划中，皮影戏传承人的现场教学短视频播放量超过2亿次；B站UP主用动画还原《广陵散》古琴谱，获得千万级点击。

第三，文艺创新方面。

《中国诗词大会》通过推出诗词实景解谜游戏书、AI对诗小程序等创新形式，进一步拓展了诗词文化的传播渠道。2025年，联名款“飞花令”桌游登顶天猫文教类目销量榜。节目相关内容全媒体曝光量超过600亿次，推动诗词类书籍销量增长300%。舞剧《只此青绿》以《千里江山图》为蓝本，融合裸眼3D技术，2024年海外巡演覆盖15国28城，纽约林肯中心场次一票难求。游戏《黑神话：悟空》2024年全球销量突破2000万套，场景设计还原了晋城玉皇庙的二十八星宿像，带动山西古建旅游热度增长400%。

第四，中医药现代化方面。

清肺排毒汤基于《伤寒杂病论》的经方，2020年成为新冠肺炎诊疗方案推荐方剂，累计使用超过1亿剂次。2025年完成复方颗粒剂质量标准制定，纳入多国抗疫指南。天津大学团队开发的智能针灸系统通过AI辨证选穴，误差控制在0.1毫米内，该系统已进入欧盟CE认证流程。

第五，文旅融合方面。

苏州“平江九巷”项目将评弹、苏绣等非遗植入街区改造，打造“可居住的博物馆”。2025年“五一”假期，平江路日均客流量达8万人次，商户营收同比增长200%。2024年国庆期间，山西应县木塔景区接待游客19万人次，隰县小西天因悬塑艺术爆红，带动周边民宿入住率超过95%。

此外，还有来自互联网大厂的数字技术加持：字节跳动联合国家图书馆，利用AI算法修复100卷残本，计划2025年上线“数字大典”平台，用户可参与古籍标注与解读。百度“希壤”平台复刻圆明园，用户可虚拟参与“数字上元节”，2024年吸引全球超500万用户在线互动……

2013年12月30日，习近平总书记在中共中央政治局第十二次集体学习时强调：

> 让收藏在禁宫里的文物、陈列在广阔大地上的遗产、书写在古籍里的文字都活起来。[①]

十余年之后，“两创”方面的累累硕果，是对这一号召的最好注脚，充分彰显了思想的伟力！新时代的中华优秀传统文化不仅“活起来”，有些还“火起来”了。

但这远非终点。我们的征途是星辰大海，而眼下的迫切任务，是到2035年建成文化强国。在这条路上，我们还面临生成式人工智能带来的巨大挑战和历史机遇，以及太空时代可能带来的全新文明图景。时间紧，任务重，但是方向不能偏，步伐不能乱。当此之际，唯正气可行稳致远，唯锐气能乘风破浪。让我们铭记习近平总书记在文化传承发展座谈会上的号召：

> 新时代的文化工作者必须以守正创新的正气和锐气，赓续历史文脉、谱写当代华章。[②]

---

①习近平：《建设社会主义文化强国 着力提高国家文化软实力》，《人民日报》2014年1月1日第1版。

②习近平：《在文化传承发展座谈会上的讲话》（2023年6月2日），《求是》2023年第17期。

结语

在层层抽丝剥茧、不断条分缕析之后，我们这趟解码“两个结合”的思想文化之旅，终于来到尾声。

在这本书中，我们遵循习近平总书记的相关重要论述，通过梳理从“一个结合”到“两个结合”这个波澜壮阔的探索过程，领略了“两个结合”这个“最大法宝”破茧而出、化蛹成蝶的蜕变画面；我们回到五千多年的中华文明史，去探究“最大法宝”所扎根的深厚文明底蕴；我们从“前提”和“结果”这两端考察了这个法宝的“内部结构”，并回望历史、放眼未来且立足当下，去感知它作用于实践的“无穷法力”；我们还对这个“最大法宝”的“使用指南”进行了更详细的说明，期待它在推动文化繁荣、建设文化强国的历史进程中大显身手。

在这篇结语中，我们尝试把“最大法宝”置于更宏大的文明时空，再照进最切近的现实世界。

一、法天则地：溯中华文明“可久可大”的哲学之根

在本书第一章交代“最大法宝”的理论脉络的基础上，第二章重点阐述了习近平总书记概括的中华文明的五大突出特性。这五大突出特性，并不是简单的并列关系，而是有着严密的内在结构。行文中我们初步触及了该结构，此处不妨略作深化。

相对而言，在时间轴上，中华文明的连续性和创新性构成一组辩证关系：如果只有连续而没有创新，那么连续就会异化为停滞和僵化；只有创新而没有连续，那么创新就会沦为浮躁和断裂。在空间轴上，统一性和包容性构成另一组辩证关系：如果只有统一而缺乏包容，那统一就可能带来霸道和专制；只有包容而缺乏统一，那么包容就会导致涣散和崩溃。而和平性则侧重阐释中华文明如何处理自我与他者的关系。

理解仅止于此吗？还不够。我们不妨从文明的根儿讲起。

在一些尊奉“一神教”的文明中，神创造了天地万物。神在哪里创造天地万物呢？只能在天地之外、天地之上，因为很难想象神在天地之中又去创造天地。因此，神是高于有形质的天地的最大存在。换句话说，神不存在于有形的天地宇宙之中，其存在超越任何具体形质，只能被理解或信仰为一种形而上的存在。于是，在这些文明中，世界被分成形而上的世界和形而下的世界。形而下的世俗世界充满各种变化和缺陷，而形而上的世界是完美的，在某种意义上也是排斥变化的，因为变化意味着缺陷的存在，而完美是无须改变的。相比有缺

陷的形而下的世界，那个完美的形而上的世界更值得向往。因此，如何趋近形而上的世界，成为人们的重大关切。许多宗教的叙事由此展开，并深刻影响了身处该文明中的人们的思维和行为。

与世界上大多数文明不同，中华文明是一种“法天则地”的文明，而不是听命于神的文明。古代中国人也有神灵崇拜的习俗，但大多数神灵不过是对于山川河流等自然存在的神格化，或者对于杰出人物的神格化（所谓“聪明正直，死而为神”）。天地而非神灵，才是在中华文明中最大的存在。

在具有极高哲学品质的根源性经典《周易》中，有下面这一段宏阔的叙述：

> 有天地然后有万物，有万物然后有男女，有男女然后有夫妇，有夫妇然后有父子，有父子然后有君臣，有君臣然后有上下，有上下然后礼义有所错。（《周易·序卦》）

中华文明并不把重心放在世界从何而来这个问题上，而是将其作为既定事实，接着往下探讨自然和社会秩序。《周易》指出：“天地之大德曰生。”（《周易·系辞下》）天地最伟大的德行是“生”，即孕育和化生万物。因此，天地是万物生成的基础。万物之中，人类作为有生命的物种，分为男女。性别的区分不仅是自然现象，也是社会关系的起点。男女结合形成夫妇关系。夫妇是家庭的基本单位，是人类社会关系的起点，标志着人类社会从自然状态向家庭和社会关系的过渡。夫妻孕育子女，产生父子关系。这进一步巩固了家庭的结构，为社会秩序的建立奠定了基础。父子关系的扩展和延伸，形成了君臣关系。君臣关系是国家和社会的基本关系之一，标志着从家庭关系向社会关系的扩展，体现了社会的组织和管理。君臣关系进一步明确了社会的等级和秩序，形成了上下之分。这是社会秩序的体现，明确了社会成员的职责和地位。有了上下之分，礼义才能得以实施。礼义是社会秩序的具体体现，通过礼义来规范人们的行为，进而维护社会的和谐与稳定。

这段话解释了从自然到社会、从家庭到国家的逐步发展过程，实则反映了中国人最底层的自然观、家庭观和社会观，可以说是中国人理解周遭世界的“基本模型”。这个模型如此朴素：不必费太多心思去追溯天地从何而来，只需在天地之间，一步一步地展开人类的生活世界。在这个一环扣一环的描述中，我们竟然找不到神和鬼的位置！对于许多文明而言，这几乎是不可想象的！

但是在中华文明中，这一切如此自然而然！中华文明没有那种截然二分的形上、形下世界的区分，而是在世俗生活的饱满中彰显神圣性的光辉。世俗生活的重心在人而不在神。正如荀子所说，在天地之间，人是“最为天下贵”的。这个文明对人的主体性、能动性给予最大程度的张扬，甚至认为人能“参赞天地之化育”，就是去参与、去赞助天地化育万物的过程，进而与天地并列为三才，通过“与天地合其德”而实现“天人合一”。《周易》还说：

> 古者包牺氏之王天下也，仰则观象于天，俯则观法于地，观鸟兽之文与地之宜，近取诸身，远取诸物，于是始作八卦，以通神明之德，以类万物之情。（《周易·系辞下》）

此处包牺氏即伏羲氏。为什么伏羲被誉为“人文始祖”？最根本的原因，还是“仰观俯察”“法天则地”，还是对于作为最大存在的天地的积极学习和取法。

人最需要向天地学习的是什么呢？我们不妨从《周易》中汲取一些智慧。

在《周易》中，天、地分别对应于乾、坤两卦。《周易》说：“乾坤其易之门邪？乾，阳物也；坤，阴物也。阴阳合德，而刚柔有体。以体天地之撰，以通神明之德。”（《周易·系辞下》）这是说，乾坤是《周易》最前面的两个卦，是进入《周易》哲学体系的关键。在《周易》的六十四卦中，乾坤两卦与其他卦并不是平行关系，而是具有“统摄”的性质。其中，乾卦代表阳，象征天、刚健、积极、主动等特质；坤卦代表阴，象征地、柔顺、包容、承载等特质。阴阳是《周易》哲学的核心概念，代表了宇宙中两种基本的对立统一的力量。阴阳相互配合，共同构成宇宙的德行（本质）。刚柔（阳刚与阴柔）各有其特性，但又相互依存，共同构成了万物的形态和功能。通过乾坤两卦的象征意义，可以理解天地的创造，通达宇宙的奥妙。

那么，乾坤两卦的精义在哪里？

《周易》解释乾、坤两卦的象辞说：“天行健，君子以自强不息”（《周易·乾卦》），“地势坤，君子以厚德载物”（《周易·坤卦》）。就是说，天道的运行刚健不息，君子应当效法天道的刚健，积极进取，永不停息；地道的态势宽厚和顺，君子应当效法地道的宽厚，包容差异，承载万物。更通俗地说，日月东升西落，星辰有序运转，四季寒暑交替，天道的运行自有其恒常的规律，不会因为人的意志而有所改变，这象征着一种极其刚健的“做自己”的韧性；河流蜿蜒曲折，山岳巍然耸立，万物生息繁衍，地道的承载不存在任何偏私，这蕴藏着一种至为宽厚的“在一起”的品格。

《周易·系辞上》还对乾卦和坤卦进行了具体描述：

> 乾以易知，坤以简能。易则易知，简则易从。易知则有亲，易从则有功。有亲则可久，有功则可大。可久则贤人之德，可大则贤人之业。易简而天下之理得矣。天下之理得，而成位乎其中矣。

这就是说，乾卦的特性是“易知”，即它的道理简单明了，容易理解；坤卦的特性是“简能”，即它的功能简洁而强大，容易遵循。因为乾的道理简单，所以容易理解；因为坤的功能简洁，所以容易遵循。容易理解的道理会让人感到亲近，容易遵循的功能会带来实际的成效。亲近感使人愿意长期坚守，实际的成效使人能够成就伟大的事业。能够长久坚守，这是贤人的品德；能够成就伟大事业，这是贤人的功业。通过理解乾的“易”和坤的“简”，可以领悟到天下的道理。进而，当天下的道理被领悟时，人就能在其中找到自己的位置，成就自己的事业。

在这里，《周易》从自强不息的乾卦引出“可久”的特性，从厚德载物的坤卦引出“可大”的特性。二者虽然被用来形容贤人的品德和功业，但可以被引申到由无数人（特别是贤人）的实践活动所汇聚并型塑的“文明”。

关于“文明”，学界有各种不同的理解，这本小书无意掉书袋。相对而言，文化是比较宽泛的概念，而文明有着更严格的规定性。简言之，“文明”即可久可大的文化。一种文化只持续几百年，不足以称为文明，因为文明是以千年为尺度的；一种文化只影响狭小的区域，也不足以称为文明，因为文明能够涵盖相当的空间尺度。

现在让我们回到中华文明的五大突出特性。我们几乎“顺理成章”地发现，连续性和创新性可以对应到“自强不息”，自强不息是天道的韧性，天道对应着乾卦，而乾卦指向“可久”；统一性与包容性可以对应到“厚德载物”，厚德载物是地道的品格，地道对应着坤卦，而坤卦指向“可大”；和平性则是通过尊重、欣赏他者之“生”，实现更高层次的和谐共生——只有走自己的路，让别人也有路可走，才能成就自身的“可久可大”。五千多年来，中华民族充分发挥人的主体性和能动性，在向最大的存在——天地学习的过程中，让自身的文明“分有”了源自天地的“可久可大”，才成就了文明和文化的源远流长、博大精深。

是的，中华文明的五大突出特性，内蕴着中华文明“法天则地”的底层结构，内蕴着“生生不息”“和谐共生”的文明动能。也正是基于这种文明动能，我们通过“两个结合”这个“最大法宝”，让马克思主义和中华优秀传统文化互相成就，创造了一个有机统一的新的文化生命体，进而在历史、当下和未来等时间维度上都带来新的气象!

在运用这个“最大法宝”的过程中，习近平总书记提出了三项实践要领。“坚定文化自信”亦可对应于天道之“自强不息”；“秉持开放包容”亦可对应于地道之“厚德载物”；而“坚持守正创新”正体现了“生生之谓易”的时代真谛。

事实上，在党的二十大报告第二部分列举的与科学社会主义价值观主张具有高度契合性的十个观念中，就包括天人合一、自强不息和厚德载物。

这绝非令人惊讶的巧合，而是文明底层逻辑的彰显。当然，在表现形态上，我们今天的文明成果已经极大地实现了时代的升华，而其原因则在于科学理论的指导，在于“两个结合”的最大法宝作用。

二、铸魂立本：建造巍然耸立的中华民族“精神大厦”

改革开放以来，随着经济的发展，许多城市都涌现出鳞次栉比的高楼大厦，成为一道道美丽的风景线。与之伴随的，是房地产几十年的蓬勃发展。

高楼大厦当然很重要。但是，光有物质性的高楼大厦就够了吗？2014年10月，在文艺工作座谈会上，习近平总书记提出：

> 当高楼大厦在我国大地上遍地林立时，中华民族精神的大厦也应该巍然耸立。①

是的，高楼大厦能够承载人们的肉身，但只有精神的大厦才能安顿人们的灵魂。新时代的中国，必须致力于建造这样的大厦。

2021年3月，《“十四五”规划和2035年远景目标纲要》把“建成文化强国”作为2035年需要实现的远景目标。在某种意义上，只

---

①习近平：《在文艺工作座谈会上的讲话》（2014年10月15日），《求是》2024年第20期。

有让中华民族精神的大厦巍然耸立，我们才能有底气宣告文化强国的最终建成。

如今，我们离完成这一目标，还剩下10年时间。但是，建造精神大厦，我们有大量合格的乃至优秀的设计师、建筑师吗？我们的广大干部能够充分理解精神大厦的意义和价值吗？我们的青年一代能够有力地扛起建造精神大厦的重任吗？

如果我们对这些问题的回答还缺乏底气，那就必须下大力气强基固本。在这方面，党中央展现出坚定的决心和信心。2024年10月，在党的二十届中央政治局第十七次集体学习时，习近平总书记强调：

> 各级党委和政府要把文化建设摆在突出位置，切实加强组织领导，做好干部配备、人才培养、资源投入等工作，调动各方面积极性主动性创造性，汇聚起文化强国建设的强大合力。[①]

那么，怎样武装好干部和人才的头脑，增强他们建设文化强国的思想认识和工作本领呢？

最根本的，是要高举思想之旗，提高学习成效。《纲要》指出：“习近平文化思想熔铸古今、汇通中外，应时代之变迁、立时代之潮头、发时代之先声，充分彰显了中华民族的文化主体性，有力巩固了中国共产党的文化领导权，是引领新时代中国共产党人和中国人民担负文化使命、推动文化繁荣、建设文化强国的思想之旗。”[②]“习近平文化思想根植于中华文化沃土和当代中国文化建设实践，既

---

①习近平：《加快建设文化强国》，《求是》2025年第8期。

②中共中央宣传部：《习近平文化思想学习纲要》，学习出版社、人民出版社2024年版，第6页。

讲是什么、为什么，又讲做什么、怎么做，为深入推进文化强国建设提供了全面指引。要弘扬理论联系实际的马克思主义学风，强化问题导向和实践导向，紧密结合新时代文化建设的战略目标和重点任务，紧密结合我国文化发展面临的突出问题，自觉把这一思想贯彻落实到宣传思想文化工作各方面和全过程，增强工作的原则性、系统性、预见性、创造性，切实把学习成效转化为推动文化建设高质量发展的强大动力。”①

在建造“精神的大厦”、建设文化强国的过程中，更要充分发挥“两个结合”特别是“第二个结合”的法宝作用。在中共中央政治局第十七次集体学习时，习近平总书记提出总体要求：

> 我们要锚定2035年建成文化强国的战略目标，坚持马克思主义这一根本指导思想，植根博大精深的中华文明，顺应信息技术发展潮流，不断发展具有强大思想引领力、精神凝聚力、价值感召力、国际影响力的新时代中国特色社会主义文化，不断增强人民精神力量，筑牢强国建设、民族复兴的文化根基。②

同时，习近平总书记还对如何运用“两个结合”给出了具体指引：

> 在创造性转化和创新性发展中赓续中华文脉。中华优秀传统

①中共中央宣传部：《习近平文化思想学习纲要》，学习出版社、人民出版社2024年版，第109—110页。

②习近平：《加快建设文化强国》，《求是》2025年第8期。

文化凝结着中华民族绵延发展的基因和密码。高扬中华民族的文化主体性，把历经沧桑留下的中华文明瑰宝呵护好、弘扬好、发展好，是当代中国共产党人的历史责任和神圣使命。要坚持古为今用、推陈出新，坚持创造性转化、创新性发展，深入挖掘和阐发中华优秀传统文化的精神内涵，用马克思主义激活中华传统文化中的优秀因子并赋予其新的时代内涵，发展新时代中国特色社会主义文化。[①]

我们期待，“两个结合”这个“最大法宝”，在未来的岁月中展现出更加璀璨的光彩，发挥出更大的实践伟力！

三、启钥开眼：领悟“第二个结合”这把改变中国的金钥匙

2023年7月2日，在文化传承发展座谈会召开整整一个月之后，新华社国家高端智库发布重磅报告，其主标题极具冲击力——“改变中国的‘第二个结合’”。

报告认为，“第二个结合”创新理论“准确把握当今的国际国内大势，顺应中华民族伟大复兴的历史进程，展现了中共十八大以来，中国领导人勇立时代潮头，高瞻远瞩，朝着构建人类命运共同体的伟大愿景，带领中国人民重构史观、重塑认同、重释文明，逻辑自洽地

①习近平：《加快建设文化强国》，《求是》2025年第8期。

阐释今日中国之治”。“‘第二个结合’，开创了中共理论创新的新格局，开辟了马克思主义中国化时代化新境界。它是打开理解新时代中国之门的一把钥匙，是观察中国式现代化、人类文明新形态的一双慧眼，是读懂中国与世界关系的一种方法。”①

这把钥匙，我们会用吗？这双慧眼，我们擦亮了吗？这种方法，我们能充分掌握吗？

如果读完这本小书，您能掂量掂量这把钥匙的分量，擦一擦沾在这双慧眼上的尘埃，或者琢磨琢磨这种方法的奥妙，进而掩卷沉思、感慨一声：

这个“法宝”不一般！

那将是作者的最大荣幸。

---

①《改变中国的“第二个结合”——建设中华民族现代文明的理论创新与实践》，新华社国家高端智库报告，2023年7月2日发布，第2—4页。

主要参考文献

马克思：《1848年至1850年的法兰西阶级斗争》，载《马克思恩格斯选集》（第一卷），人民出版社2012年版。

马克思：《1857—1858年经济学手稿摘选》，载《马克思恩格斯文集》（第八卷），人民出版社2009年版。

马克思：《关于费尔巴哈的提纲》，载《马克思恩格斯选集》（第一卷），人民出版社2012年版。

马克思：《机器、自然力和科学的应用》，载《马克思恩格斯全集》第四十六卷（下册），人民出版社1979年版。

恩格斯：《共产主义原理》，载《马克思恩格斯选集》（第一卷），人民出版社2012年版。

恩格斯：《在马克思墓前的讲话》，载《马克思恩格斯文集》（第三卷），人民出版社2009年版。

毛泽东：《反对本本主义》（1930年5月），载《毛泽东选集》（第一卷），人民出版社1991年版。

毛泽东：《实践论：论认识和实践的关系——知和行的关系》（1937年7月），载《毛泽东选集》（第一卷），人民出版社1991年版。

毛泽东：《矛盾论》（1937年8月），载《毛泽东选集》（第一卷），人民出版社1991年版。

毛泽东：《中国共产党在民族战争中的地位》（1938年10月），载《毛泽东选集》（第二卷），人民出版社1991年版。

毛泽东：《统一战线中的独立自主问题》（1938年11月5日），载《毛泽东选集》（第二卷），人民出版社1991年版。

毛泽东：《新民主主义论》（1940年1月），载《毛泽东选集》（第二卷），人民出版社1991年版。

毛泽东：《改造我们的学习》（1941年5月19日），载《毛泽东选集》（第三卷），人民出版社1991年版。

毛泽东：《论联合政府》（1945年4月24日），载《毛泽东选集》（第三卷），人民出版社1991年版。

毛泽东：《关于第七届候补中央委员选举问题》（1945年6月10日），载《毛泽东文集》（第三卷），人民出版社1996年版。

毛泽东：《愚公移山》（1945年6月11日），载《毛泽东选集》（第三卷），人民出版社1991年版。

毛泽东：《论人民民主专政》（1949年6月30日），载《毛泽东选集》（第四卷），人民出版社1991年版。

毛泽东：《唯心历史观的破产》（1949年9月16日），载《毛泽东选集》（第四卷），人民出版社1991年版。

毛泽东：《论十大关系》（1956年4月25日），载《毛泽东文集》（第七卷），人民出版社1999年版。

毛泽东：《读苏联〈政治经济学教科书〉的谈话（节选）》（1959年12月—1960年2月），载《毛泽东文集》（第八卷），人民出版社

1999年版。

《附录：关于若干历史问题的决议》（1945年4月20日），载《毛泽东选集》（第三卷），人民出版社1991年版。

《建党以来重要文献选编（一九二一——一九四九）》（第二十册），中央文献出版社2011年版。

《建国以来毛泽东文稿》（第一册），中央文献出版社1987年版。

周恩来：《政府工作报告》（1954年9月23日），载中共中央文献研究室编：《建国以来重要文献选编》（第五册），中央文献出版社2011年版。

刘少奇：《论党》（1945年5月14日），载《刘少奇选集》上卷，人民出版社1981年版。

邓小平：《中国本世纪的目标是实现小康》（1979年12月6日），载《邓小平文选》（第二卷），人民出版社1994年版。

《在刘少奇同志追悼大会上　邓小平副主席致悼词》，《人民日报》1980年5月18日第2版。

胡锦涛：《在纪念刘少奇同志诞辰110周年座谈会上的讲话》（2008年11月11日），《人民日报》2008年11月12日第2版。

江泽民：《大力发扬艰苦奋斗精神》（1997年1月29日），载《江泽民文选》（第一卷），人民出版社2006年版。

江泽民：《在庆祝中国共产党成立八十周年大会上的讲话》，《人民日报》2001年7月2日第3版。

习近平：《追求“慎独”的高境界》（2007年3月25日），载习近平：《之江新语》，浙江人民出版社2007年版。

习近平：《在广东考察工作时的讲话》（2012年12月7日—11

日），载《习近平新时代中国特色社会主义思想专题摘编》，党建读物出版社、中央文献出版社2023年版。

习近平：《在全国宣传思想工作会议上的讲话》（2013年8月19日），载中共中央文献研究室编：《习近平关于社会主义文化建设论述摘编》，中央文献出版社2017年版。

习近平：《在党的十八届三中全会第一次全体会议上的讲话》（2013年11月9日），载中共中央文献研究室编：《习近平关于社会主义文化建设论述摘编》，中央文献出版社2017年版。

习近平：《在中法建交五十周年纪念大会上的讲话》（2014年3月27日），《人民日报》2014年3月29日第2版。

习近平：《在联合国教科文组织总部的演讲》（2014年3月27日，巴黎），《人民日报》2014年3月28日第3版。

习近平：《在布鲁日欧洲学院的演讲》（2014年4月1日，布鲁日），《人民日报》2014年4月2日第2版。

习近平：《在纪念孔子诞辰2565周年国际学术研讨会暨国际儒学联合会第五届会员大会开幕会上的讲话》（2014年9月24日），《人民日报》2014年9月25日第2版。

习近平：《在全国党校工作会议上的讲话》（2015年12月11日），《求是》2016年第9期。

习近平：《坚持军报姓党　坚持强军为本　坚持创新为要　为实现中国梦强军梦提供思想舆论支持》（2015年12月25日），载中共中央文献研究室编：《习近平关于社会主义文化建设论述摘编》，中央文献出版社2017年版。

习近平：《在哲学社会科学工作座谈会上的讲话》（2016年5月17

日），《人民日报》2016年5月19日第2版。

习近平：《继续推进马克思主义中国化时代化大众化》（2017年9月29日），载习近平：《论党的宣传思想工作》，中央文献出版社2020年版。

习近平：《决胜全面建成小康社会　夺取新时代中国特色社会主义伟大胜利——在中国共产党第十九次全国代表大会上的报告》（2017年10月18日），《人民日报》2017年10月28日第1版。

习近平：《在纪念马克思诞辰200周年大会上的讲话》（2018年5月4日），《求是》2018年第10期。

习近平：《在纪念刘少奇同志诞辰120周年座谈会上的讲话》（2018年11月23日），《人民日报》2018年11月24日第2版。

习近平：《深化文明交流互鉴　共建亚洲命运共同体——在亚洲文明对话大会开幕式上的主旨演讲》（2019年5月15日），《人民日报》2019年5月16日第2版。

习近平：《坚持和完善中国特色社会主义制度　推进国家治理体系和治理能力现代化》，《求是》2020年第1期。

习近平：《在庆祝中国共产党成立100周年大会上的讲话》（2021年7月1日），《求是》2021年第14期。

《习近平在中共中央政治局第三十八次集体学习时强调　依法规范和引导我国资本健康发展　发挥资本作为重要生产要素的积极作用》，《人民日报》2022年5月1日第2版。

习近平：《把中国文明历史研究引向深入　增强历史自觉坚定文化自信》（2022年5月27日），《求是》2022年第14期。

习近平：《高举中国特色社会主义伟大旗帜　为全面建设社会主义现代化国家而团结奋斗——在中国共产党第二十次全国代表大会上

的报告》(2022年10月16日),《人民日报》2022年10月26日第1版。

习近平:《在文化传承发展座谈会上的讲话》(2023年6月2日),《求是》2023年第17期。

习近平:《开辟马克思主义中国化时代化新境界》,《求是》2023年第20期。

习近平:《在全国民族团结进步表彰大会上的讲话》(2024年9月27日),《人民日报》2024年9月28日第2版。

习近平:《加快建设文化强国》,《求是》2025年第8期。

中共中央宣传部:《习近平文化思想学习纲要》,学习出版社、人民出版社2024年版。

《中共中央关于党的百年奋斗重大成就和历史经验的决议》(2021年11月11日中国共产党第十九届中央委员会第六次全体会议通过),《人民日报》2021年11月17日第1版。

陈培永:《“马克思主义中国化”若干基本问题——基于中国共产党百年历程的思考》,《浙江社会科学》2021年第6期。

陈序经:《全盘西化的辩护》,《独立评论》第160号,1935年7月21日。

邓力群:《逝者和生者的欣慰——记〈刘少奇选集〉(上卷)的编辑出版》,《人民日报》1982年1月15日第5版。

邓云特:《中国救荒史》,商务印书馆2011年版。

费孝通:《文化与文化自觉》,群言出版社2016年版。

冯友兰:《贞元六书》(下卷),商务印书馆2023年版。

辜鸿铭:《中国人的精神》,载黄兴涛等译:《辜鸿铭文集》(下),海南出版社1996年版。

郭沫若：《马克思进文庙》，《洪水》1926年第1卷第7期。

贺银根、尚庆飞：《中国道路与“历史终结论”的终结》，《人民论坛》2021年第26期。

胡适：《我们对于近代西洋文明的态度》，《东方杂志》1926年第17期。

华中科技大学国家大学生文化素质教育基地编：《春雨化育　华中科技大学文化素质教育十年》，华中科技大学出版社2005年版。

李勇刚：《何为古今中西之争》，《学习时报》2023年7月24日第4版。

李勇刚：《天下归心——“大一统”国家的历史脉络》，人民出版社2021年版。

李勇刚：《中国韧性——一个超大规模文明型国家的历史足迹》，新世界出版社2021年版。

刘宜庆：《绝代风流——西南联大生活录》，辽宁人民出版社2020年版。

刘哲昕：《精英与平民：中国人的民主生活》，法律出版社2014年版。

刘哲昕：《生命与超越：一个命运共同体的理想》，法律出版社2020年版。

刘哲昕：《我们为什么自信》，学习出版社2018年版。

彭德怀：《关于中国人民志愿军抗美援朝工作的报告》（1953年9月12日），载中共中央文献研究室编：《建国以来重要文献选编》（第四册），中央文献出版社2011年版。

钱穆：《中国历代政治得失》，三联书店2001年版。

王新命、何炳松等：《中国本位的文化建设宣言》，《文化建设》1935年第1卷第4期。

闻一多：《伏羲考》，载《闻一多全集》（第1卷），三联书店1982年版。

吴义国：《湘江战役：中央红军长征的悲壮史诗》，《湘潮》2016年第2期。

杨尚昆：《卓著功勋　彪炳春秋——为少奇同志一百周年诞辰而作》，《人民日报》1998年11月24日第5版。

殷之俊：《毛泽东最早提出的三大法宝是什么》，《中国统一战线》2013年第6期。

张闻天：《关于抗日民族统一战线与党的组织问题》（1938年10月），载《张闻天选集》，人民出版社1985年版。

张允熠：《从“又一次的思想解放”看“第二个结合”》，《学习时报》2023年9月4日第2版。

张志强、杨洪源：《创立习近平新时代中国特色社会主义思想是文化主体性的最有力体现》，《中国社会科学》2024年第10期。

张志强：《把握中华文明发展规律　奋力建设中华民族现代文明》，《学习活页文选》2023年第22期。

张志强：《深刻理解中华民族现代文明的几个关系》，《当代中国马克思主义研究》2023年第3期。

郑广瑾、杨宇郑编：《毛泽东诗话》，河南人民出版社1999年版。

中央档案馆、中共中央文献研究室编：《中共中央文件选集（一九四九年十月——一九六六年五月）》（第13册），人民出版社2013年版。

周光辉、赵德昊：《荒政与大一统国家：国家韧性形成的内在机制》，《学海》2021年第1期。

庄庸、王秀庭：《从“畅销书时代”到“后主题出版时代”》，福建教育出版社2017年版。

《毛泽东年谱（一九四九——一九七六）》（第二卷），中央文献出版社2013年版。

《世界自然科学大事年表》，上海人民出版社1975年版。

《习近平新时代中国特色社会主义思想专题摘编》，党建读物出版社、中央文献出版社2023年版。

《中国共产党第十九届中央委员会第四次全体会议公报》（2019年10月31日），《人民日报》2019年11月1日第1版。

《中国共产党的历史使命与行动价值》，《人民日报》2021年8月27日第1版。

《习近平的文化情怀》，《人民日报》2022年5月12日第1版。

《全面推进乡村振兴　为实现农业农村现代化而不懈奋斗》，《人民日报》2022年10月29日第1版。

《改变中国的“第二个结合”——建设中华民族现代文明的理论创新与实践》，新华社国家高端智库报告，2023年7月2日发布。

［德］黑格尔：《法哲学原理：或自然法和国家学纲要》，范扬、张企泰译，商务印书馆1961年版。

［德］尼采：《历史的用途与滥用》，上海人民出版社2005年版。

［俄］雷日科夫：《大国悲剧：苏联解体的前因后果》，许昌翰等译，新华出版社2008年版。

［美］费正清：《伟大的中国革命》，刘尊棋译，世界知识出版社

1999年版。

［美］弗朗西斯·福山：《历史的终结与最后的人》，陈高华译，孟凡礼校，广西师范大学出版社2014年版。

［美］柯文：《在中国发现历史——中国中心观在美国的兴起》，中华书局1989年版。

［美］塞缪尔·亨廷顿：《文明的冲突与世界秩序的重建》，周琪等译，新华出版社2009年版。

［美］L. S. 斯塔夫里阿诺斯：《全球通史：1500年以后的世界》，上海社会科学院出版社1999年版。

［日］池田大作、［英］阿·汤因比：《展望21世纪》，荀春生、朱继征、陈国良译，国际文化出版公司1997年版。

［英］R.K.G.坦普尔：《中国的创造精神——中国的100个世界第一》，陈养正等译，人民教育出版社2003年版。

［英］亚当·斯密：《国民财富的性质和原因的研究》上册，商务印书馆1972年版。

后记

2021年7月1日，我在办公室收看庆祝中国共产党成立100周年大会的直播。当听到习近平总书记在讲话中提到“坚持把马克思主义基本原理同中国具体实际相结合、同中华优秀传统文化相结合”，内心仿佛掠过一道霹雳闪电。直觉告诉我，这必将是一个重大理论创新。但是，除了内心激动，自己能为这一创新做点什么呢？一开始还是懵懵懂懂。

4个多月后，当看到党的十九届六中全会通过的《中共中央关于党的百年奋斗重大成就和历史经验的决议》再次出现这一内容，我知道不能再等了。正好我所供职的中央社会主义学院征集贯彻此次会议精神的课程试讲，我就以“‘两个相结合’与人类文明新形态解读”为题进行申报——彼时彼刻，相关说法还没有最终规范。2022年初，围绕这个题目，我搜集并阅读了当时能看到的大部分重要文献。读完文献，我发现自己给自己挖了很大一个“坑”，因为这实际上是可以分成两门课的重大题目。但既然申报了，就只能硬着头皮去试讲。效果果然不好，试讲未被通过，我的内心一时间有些沮丧。

好在时任院领导和评审专家充分肯定了选题的价值，并建议聚焦前者进行讲述。经过一个寒假的阅读和思考，课程在2022年春季学期初顺利通过试讲，而名称则被调整为“马克思主义中国化‘两个相结合’解析”。2022年3月开始，这门课就“跌跌撞撞”地在学院内外正式讲起来了。随着实践的深入，课程名称中的“两个相结合”也逐渐规范为“两个结合”。

2022年10月16日，党的二十大胜利召开。习近平总书记在报告中首次对“两个结合”的深刻内涵进行了详细阐述，而且将其放在报告的第二部分，足见这一命题的重要分量！

党的二十大报告第二部分的标题是“开辟马克思主义中国化时代化新境界”，重点解决“怎么想”的问题，主要内容就是“两个结合”与“六个必须坚持”；第三部分的标题是“新时代新征程中国共产党的使命任务”，侧重回答“怎么干”的问题，主要内容包括以中国式现代化全面推进中华民族伟大复兴。这两部分，加上最后一部分“坚定不移全面从严治党，深入推进新时代党的建设新的伟大工程”，都具有“管总”的性质。相比之下，第四到第十四部分，则具有“分论”的性质，是对中心任务从各个方面进行细分论述。

通过学习党的二十大报告，我更加清晰地认识到“两个结合”的重大意义。在此基础上，课程名称再次调整，变成“坚持‘两个结合’，开辟马克思主义中国化时代化新境界”。从此之后，课名终于相对固定。

2022年5月开始，我有幸参加十三届全国政协书院“国学——‘大一统’观”读书群的讲读活动，负责在群里讲述我撰写的《天下归心》一书，并负责推送与中华文化特别是“大一统”相关的一些文献。党的二十大召开后，该群推送的主题调整为“两个结合”，我围绕这一主题进行了一次讲授，并转而推送与该主题相关的文献。前后9个月的时间，我有幸与委员们进行了比较深度的互动和讨论，不时在脑海中产生思想火花，不断推进对“两个结合”的思考。这真是一段令人难忘的学习和探索经历！

时间来到2023年6月2日。那天，一个具有划时代意义的会议——文化传承发展座谈会召开了！一开始只能看到会议的报道，其中蕴含的崭新框架和突破性观点，已经使我立马认识到，这门课又该“大调”了！调完之后没过多久，在阅文室终于看到习近平总书记的讲话原文，我几乎一字一句地抄写下来，旋即有机融入课程之中。当年8月底，讲话原文正式公布。虽然讲话只有短短五千多字，但其中所蕴藏的理论和实践动能，却需要我们不断去反刍、消化。正好我得到了这样的机缘，因为从那之后至今，我获得各种授课机会，得以一遍一遍地向各个领域的学员阐释其重大意义和丰富内涵。回想起来，前前后后一百多次肯定是有的。通篇的结构，以及很多“金句”，早已烂熟于心。

课就这么日复一日地上着，几乎每次都会有些新的体会，都忍不住去调整课件。仿佛“忒修斯之船”，大部分船板都换过了，甚至换过不止一两遍，但又不能说这是一艘纯粹的新船。虽然过程烦琐，倒也是一种享受，因为能够体会到成长的快乐。

2024年夏天，学院组织申报中组部全国干部教育培训好课程，这门课程有幸获得推选资格，并最终在年底成功通过评选，被纳入“好课程”名录。在这个过程中，我也曾经忐忑过：这种把课程分成若干环环相扣的问题来讲述的“非主流”方式，是否能获得通过？评审结果坚定了我的信心：这个时代的理论宣讲，确实可以有各种活泼的形式。感谢学院领导的殷切关怀和教务部门的辛勤组织！没有单位的托举和同事的帮助，个人不可能取得类似的荣誉。

2024年底，我有幸在全国政协文化文史和学习委员会的推荐下，到重庆市政协去授课。正是这次授课结下的缘分，促成了这本小书的形成。

此次课上，重庆出版社的老领导、重庆市政协文化文史和学习委员会副主任陈兴芜女士也是此次授课的听众之一。回到北京后不久，兴芜主任和我联系，说可以围绕课程的内容做一些出版相关的工作。商讨之后，确定主题就围绕“两个结合”展开，篇幅十余万字。我此前在备课过程中已经写过数万字讲稿，心想这也不是一项太难的任务，于是没太多犹豫就答应下来。但当我后来真正开始写作，才发现又给自己挖了多么大的一个“坑”，因为把“讲稿”变成“书稿”并不是简单的事。但是，读书人最不愿辜负的就是“知遇之恩”。在忙乱的工作特别是授课之余，我终于利用一切能够挤出的时间，写出了这本小书。

感恩陈兴芜女士的提携期许，感谢重庆出版社的信任，感谢重庆出版社郭宜书记的重视，感谢重庆出版社专务别必亮先生对于此书的指导意见，感谢徐飞、吴昊、陈琦、李茜等编辑老师为此书编校付出的大量心血。在这个团队身上，我强烈感受到干事创业的精气神。而特别要感激的，是我的妻子李星儒女士。女儿和羲已经7岁多，正是顽皮闹腾的年纪。没有妻子为我们这个小家辛勤操持，这本小书是不可能写成的。

书稿既成，我呈给一些师友指正。感恩年逾九旬的恩师楼宇烈先生惠赐序言，给我莫大的鼓励和鞭策；感恩李道湘、张志强等先生的推荐，让我内心对这本书有了更多底气。感谢志趣相投的占豪兄为本书慷慨赐序。他虽然长于国际形势和时政分析，在网上粉丝众多，但对中华文明同样有着贯通性的理解。就在我们讨论完这本书稿不久之后，他还因机缘巧合写作了关于“两个结合”的雄文，获得众多网友的深深共鸣。这种把理论大众化、普及化的本领，永远值得我好好学习。而我们之间的惺惺相惜、交流碰撞，他在序言中已有所交代，这里不再赘述，不过那些溢美之词，又让我颇为不安，只能化作继续前行的动力。

后记落笔之时，正有幸随全国政协文化文史和学习委员会党外委员考察团行至曲阜，该团考察的主题则是“进一步加强中华优秀传统文化的研究和阐释”。写毕抬头见一匾额悬于房间墙上，上书“求志达道”。

2025年7月17日

于曲阜杏坛宾馆